Planeación
Estratégica para
Alta Dirección

Planeación Estratégica para Alta Dirección

OCTAVIO REYES, PH.D.

Número de Control de la Biblioteca del
Congreso de EE. UU.:   2012920290
ISBN: Tapa Dura   978-1-4633-4109-1
                Tapa Blanda   978-1-4633-4107-7
                Libro Electrónico   978-1-4633-4108-4

Esta es una obra de apoyo para los ejecutivos de la Alta Dirección,
que ofrece una metodología práctica y sencilla para el desarrollo e
implementación del Plan Estratégico de la Organización.

Este libro fue impreso en los Estados Unidos de América.

Para pedidos de copias adicionales de este libro, por favor contacte con:
Palibrio
1663 Liberty Drive
Suite 200
Bloomington, IN 47403
Gratis desde EE. UU. al 877.407.5847
Gratis desde México al 01.800.288.2243
Gratis desde España al 900.866.949
Desde otro país al +1.812.671.9757
Fax: 01.812.355.1576
ventas@palibrio.com
431281

ÍNDICE

MÓDULO I

Importancia del Pensamiento Estratégico

OBJETIVOS:

Al finalizar este módulo, el capacitando:

1.1 Explicará las características importantes del pensamiento estratégico.

1.2 Identificará las fases del proceso para elaborar el plan estratégico.

1.3 Determinará expectativas de los principales grupos de la empresa.

1.4 Identificación de expectativas.

I

IMPORTANCIA DEL
PENSAMIENTO ESTRATÉGICO

1.1 EL PENSAMIENTO ESTRATÉGICO

Lo trascendental en la aplicación de la Planeación Estratégica no son los planes únicamente; sino también lo es el Desarrollo del Pensamiento Estratégico de los directores de una organización.

Si consideramos que el objetivo de un Director General es: Crear y mantener las condiciones organizativas necesarias para que la empresa sea capaz de detectar los cambios y adaptarse a ellos, y el disponer de la capacidad para emprender aquellos cambios en el entorno que favorezcan a la empresa; entonces es preciso indicar que para obtener una mejor posición competitiva, no es suficiente con formular la estrategia.

La dirección debe desarrollar las capacidades necesarias para llevar con éxito, su implementación; lo que le permita crear el futuro que se quiere tener, ya sea anticipándose, reaccionando o creando las condiciones en el entorno, en donde se desenvuelve, y mejorando la eficacia de la gestión.

De lo anterior se desprende que, el futuro pertenece a aquellos que ven posibilidades antes de que resulten obvias y que manejen con eficacia recursos y energías para lograr o evitar algo.

La creación de ese futuro deseado, en donde puedan crearse ventajas competitivas permanentes, requiere de una habilidad natural de los dirigentes de empresa: El desarrollo de su pensamiento estratégico.

Este pensamiento, tampoco es obra de la casualidad, pero sin duda tiene raíces muy profundas que todo ser humano posee: "La percepción y la consecuente determinación en pos de su cumplimiento, a menudo equivalentes a su sentido de misión; así como un proceso mental básicamente creativo e intuitivo, más que racional". (Ackoff, 1986).

De esta manera, el Pensamiento Estratégico consiste en contar con un proceso mental, que estimule el crecimiento constante de la empresa y el diseño e implementación de acciones que promuevan el mantenimiento de ventajas competitivas permanentes dentro de su negocio.

Ahora bien, el que el pensamiento estratégico funcione adecuadamente, radica en comprender la dinámica actual de los negocios, identificar el rumbo hacia el cual debe orientarse una empresa, así como su propósito y naturaleza. Esto es básico, ya que no importa cuán fuerte sea la posición actual de una empresa; su status siempre deberá cuestionarse.

En los negocios, el pensamiento estratégico pretende romper con el limitado campo visual que algunos directivos tienen. Asimismo, "debe estar respaldado por el uso diario de la imaginación y por el constante entrenamiento en los procesos lógicos del pensamiento". (Ackoff, 1983)

El grupo directivo no puede basar razonablemente su trabajo diario en un optimismo ciego, y hacer uso del pensamiento estratégico, sólo en aquellos casos en que enfrentan obstáculos inesperados. Deben desarrollar la costumbre de pensar estratégicamente.

El proceso de preparación de los directivos para hacer frente a las oportunidades consiste en: disposición, tanto mental 'como emocional para pensar y hacer cosas distintas a las actuales; conocimiento sobre dónde deben hacerse y a quién deberá consultarse para hacerlas y prácticamente para diseñar nuevos planes con rapidez y excelencia.

De esta manera las dimensiones del Pensamiento Estratégico son:

1. Satisfacción de las necesidades del consumidor

1. Segmentación de los consumidores.
2. Percepción de los consumidores.
3. Visual ice necesidades insatisfechas.
4. Identifique necesidades potenciales.

II. Lograr ventaja competitiva

5. Analice a sus competidores.
6. Descubra las necesidades de sus competidores.
7. Compare valores y costos.
8. Anticipe acciones.

III. Capitalizar las fuerzas de su empresa

9. Liste debilidades y fortalezas.
10. Busque nuevas posibilidades de desarrollo.
11. Evalúe su portafolio de negocios.
12. Busque oportunidades y amenazas.

1.2 PROCESO GLOBAL DE PLANEACIÓN ESTRATÉGICA

Las actuales y nuevas condiciones en el entorno industrial mexicano, así como la apertura al comercio internacional, han ocasionado que los directivos cuestionen su forma de actuar y su trascendencia en el futuro.

Lo anterior obliga a definir con mayor claridad el negocio en el que se participa, así como los medios para competir con éxito "aprovechando aquellas ventajas comparativas que el país proporciona y buscando las formas para desarrollar y aprovechar aquellas otras ventajas que son el resultado de la tecnología" (Aguirre, 1993) y las capacidades de la empresa.

Ante estas circunstancias, la planeación estratégica es un instrumento que puede emplearse para adecuar las respuestas de la empresa ante su medio ambiente, ya que la esencia de este tipo de planeación consiste en relacionar y ubicar a una organización con su entorno, identificando las oportunidades y amenazas que pueden surgir en el futuro y contraponiéndolas con las fortalezas y debilidades de la empresa, con el fin de contar con una base importante para tomar decisiones.

De esta manera Planeación Estratégica es "el esfuerzo sistemático y más o menos formal de una empresa para establecer sus propósitos, objetivos, políticas y estrategias básicas; desarrollando planes detallados con el fin de ponerlos en práctica, lograr los propósitos" (Bianchi, 1995) y proporcionar los resultados que satisfacen las expectativas de los clientes que se atiendan.

Lo importante de esta definición se refiere al hecho de que no se siguen reglas fijas, sino un proceso que se retroalimenta continuamente con el fin de lograr planes estratégicos.

En el *cuadro número (1.1)*, se muestra el Proceso Global de Planeación Estratégica, el cual se desarrolla en 4 fases:

- **1a.** *fase:* Análisis de la situación organizacional, el cual brinda los elementos para identificar las fuerzas y debilidades de la empresa.
- **2a.** *fase:* Análisis de la situación externa de la organización, el cual arroja como resultado la identificación de oportunidades y amenazas del entorno.
- **3a.** *fase:* Las fuerzas, debilidades, oportunidades y. amenazas determinadas se evalúan con el fin de identificar los principales problemas y las alternativas que pueden

considerarse para resolverlas; las cuales serán parte integrante del Plan Estratégico Maestro.

4a. *fase:* La derivación del Plan Estratégico se lleva a cabo en esta fase en donde cada una de las áreas organizacionales de la empresa, contará con un sistema que le brinde un Plan funcional y la forma más eficaz de lograr los resultados que se ha planteado.

Una vez terminada esta fase se hace necesario retroalimentar el proceso, para enriquecerlo y hacerlo más dinámico, útil y rentable.

1.3   Proceso del Plan Estratégico Maestro

Antes de empezar a planear debe decidirse como se quiere que sea la empresa en el futuro. "La planeación estratégica parte de una intuición y de una voluntad para que la empresa se transforme, crezca, se diversifique, cambie de giro, atienda las necesidades de nuevos mercados, busque nichos específicos que puedan ser aprovechados, desarrolle nuevas tecnologías y procesos productivos, ofrezca nuevos bienes y servicios, aproveche las oportunidades que se presentan en el medio ambiente, incremente su productividad, aumente su competitividad y, en fin, que sea más exitosa en sus actividades específicas". (Fred, 1998).

Al hablar de intuición nos estamos refiriendo a la habilidad que tienen los ejecutivos para hacer suposiciones sobre lo que puede suceder tanto en su empresa, como fuera de ella. Asimismo, es importante indicar que las expectativas se relacionan también con la intuición refiriéndose a los intereses que esos ejecutivos esperan o persiguen en la empresa y su defensa o mantenimiento a través de la actuación de la misma.

El proceso para elaborar el Plan Estratégico, *(Cuadro 1.2)* tiene 4 bases principales: expectativas y supuestos, escenarios futuros, oportunidades y amenazas, fuerzas y debilidades; las cuales al compararse e integrarse marcan la existencia de problemas y las brechas existentes entre el desempeño actual y el desempeño futuro.

Una vez hecho lo anterior, y a la luz de las oportunidades, amenazas, fuerzas y debilidades de la organización; que determina el cómo se está, se podrá definir que se puede lograr. En primer lugar se declara la misión de la empresa y sus políticas generales. A partir de esto surgirá la formulación de las metas y la estrategia empresarial, así como las bases para elaborar planes funcionales de la empresa.

Los elementos anteriores forman parte del proceso por el cual la empresa habrá de transformarse, mejorar su nivel de competencia y lograr su incorporación a mercados nuevos y atractivos.

1.4 IDENTIFICACIÓN DE EXPECTATIVAS

Uno de los puntos de arranque para la elaboración del plan estratégico, es la determinación de las expectativas o puntos de vista de todos los elementos o grupos, tanto internos como externos, que tienen intereses en la empresa y su actuación en el futuro.

"Para la compañía típica pequeña el interés dominante... es de los accionistas. Para empresas muy grandes existen numerosos intereses,... tales como: clientela, empleados, proveedores,... habitantes de comunidades, gobierno y público en general. (Hofer, 1995).

La forma de identificar a cada grupo y sus expectativas es la siguiente:

1. Determinar la estructura del sistema cliente proveedor, tanto interno como externo.
2. Definir lo que aporta y espera de la empresa cada elemento o grupo.
3. Reunir por orden de importancia las demandas potenciales más fuertes.

Ver cuadro 1.3 Elaborar anexo 1.1

Cuadro 1.1

Proceso Global de Planeación Estratégica

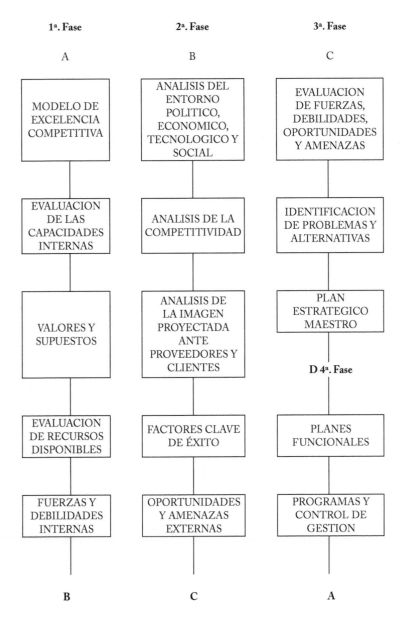

1ª. Fase	2ª. Fase	3ª. Fase
A	B	C
MODELO DE EXCELENCIA COMPETITIVA	ANALISIS DEL ENTORNO POLITICO, ECONOMICO, TECNOLOGICO Y SOCIAL	EVALUACION DE FUERZAS, DEBILIDADES, OPORTUNIDADES Y AMENAZAS
EVALUACION DE LAS CAPACIDADES INTERNAS	ANALISIS DE LA COMPETITIVIDAD	IDENTIFICACION DE PROBLEMAS Y ALTERNATIVAS
VALORES Y SUPUESTOS	ANALISIS DE LA IMAGEN PROYECTADA ANTE PROVEEDORES Y CLIENTES	PLAN ESTRATEGICO MAESTRO

D 4ª. Fase

EVALUACION DE RECURSOS DISPONIBLES	FACTORES CLAVE DE ÉXITO	PLANES FUNCIONALES
FUERZAS Y DEBILIDADES INTERNAS	OPORTUNIDADES Y AMENAZAS EXTERNAS	PROGRAMAS Y CONTROL DE GESTION
B	C	A

Cuadro 1.2

Proceso de Elaboración de Planeación Estratégico

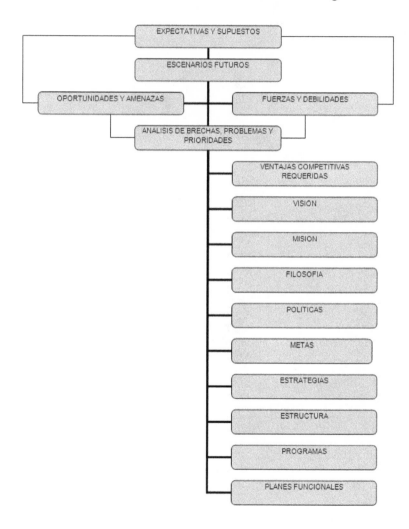

Cuadro 1.3

Ejemplos de Especificación de Expectativas

A. Sistema cliente proveedor externo

Qué aporta	Elemento	Qué espera
Ambiente de negocios	Competidores	Honestidad en los negocios
Seguridad, servicios, leyes, estabilidad	Gobierno	Pago oportuno de impuestos, creación de empleos
Mercado Básico de consumo	Clientes	Productos de calidad, satisfacción de necesidades, precio razonable, asesoría técnica, servicio inmediato

B. Sistema cliente proveedor interno

Qué aporta	Elemento	Qué espera
Recursos financieros	Accionistas	Dividendos atractivos, bajo riesgo, negocios atractivos
Conocimiento, creatividad, logro de metas	Directivos	Sueldo competitivo, prestaciones atractivas, desarrollo profesional

Anexo 1.1.a

Expectativas Generales

INSTRUCCIONES: Identifique las expectativas de los principales grupos de interés que mantienen relaciones con la empresa.

A. Sistema cliente proveedor externo

QUE NOS APORTA (EL DEBE SER)	ELEMENTO	QUE ESPERA (EL DEBE SER)

Anexo 1.1.b

Expectativas Generales

INSTRUCCIONES: Identifique las expectativas de los principales grupos de interés que mantienen relaciones con la empresa.

B. Sistema cliente proveedor interno

QUE NOS APORTA (EL DEBE SER)	ELEMENTO	QUE ESPERA (EL DEBE SER)

MÓDULO II

Al Encuentro de las Brechas

OBJETIVOS:

Al finalizar este módulo, el capacitando:

2.1 Destacará el papel de la incertidumbre en la toma de decisiones estratégicas.

2.2 Determinará los supuestos bajo los cuales se elaborará el plan estratégico.

2.3 Especificará el significado de los escenarios diseñados.

2.4 Diseñará el cuadro de futuros para la empresa.

2.5 Valorará las fuerzas y debilidades de la organización y las amenazas y oportunidades externas.

2.6 Identificará los problemas y prioridades de la organización.

II

AL ENCUENTRO DE LAS BRECHAS

2.1 LA INCERTIDUMBRE EN LA PLANEACIÓN ESTRATÉGICA

Un concepto de Peter Drucker parece mostrar la importancia de la incertidumbre en la planeación a largo plazo: el ininterrumpido e ininterrumpible proceso de tomar decisiones empresariales, toma de riesgos, en forma sistemática y con el más profundo conocimiento que sea posible sobre sus consecuencias futuras.

Los elementos que sobresalen de este concepto son:

a) Ininterrumpido e ininterrumpible, que equivalen a mencionar la existencia continua de decisiones, ya sea en forma activa o en forma pasiva.

b) Proceso de toma de decisiones, considerado como el acto de voluntad para hacer algo (qué, cuándo, dónde).

c) Sistemático, relacionado con el hecho de que al aceptar en forma permanente la toma de decisiones afectando recursos, el hacerlo o no impactará la calidad de la decisión en cuestión, pero no su existencia.

d) Conocimiento de consecuencias futuras de esas decisiones, lo cual en todo momento involucra incertidumbre ya que las fuerzas integrantes tanto del entorno como de la empresa generan cambios continuos en su actuación.

De forma conceptual, incertidumbre es considerada como la falta de certeza en la ocurrencia de un suceso.

La estrategia está siempre rodeada por la incertidumbre ya que es sumamente difícil conocer lo que sucederá en un horizonte de tiempo futuro, y más si se trata de tomar decisiones significativas para la vida de una empresa.

Actualmente hay una gran variedad de métodos para enfrentar la incertidumbre y tomar decisiones adecuadas para el futuro, sin embargo aun los métodos más completos no pueden predecir por sí solos el futuro, ya que el señalar alternativas más claras y menos riesgosas tan sólo ayudan al directivo a elegir el camino que le parece más adecuado.

Las ayudas que el ejecutivo necesita para hacer frente a la incertidumbre son:

i. Existencia de Buenos Pronósticos Ambientales.

Si bien, aspectos específicos del entorno cambian con gran rapidez; precios, gustos, etc., la experiencia indica que las tendencias generales que afectan la estrategia de una empresa, pueden pronosticarse dentro de rangos aceptable.

"Primero, pregúntese, ¿qué elementos en particular,… están ya cambiando en una forma que tenga impacto de importancia en nuestro negocio? y, segundo ¿en dónde se está sintiendo el impacto en nuestras operaciones? La mira en este ejercicio es identificar un número limitado de elementos que, por lo menos en el presente, sean de importancia. Luego con esta lista como agenda, podemos pronosticar cómo, esos elementos, es probable que se comporten en el futuro". (Ackoff, 1986).

Con este mecanismo puede enfrentarse una parte sustancial de la incertidumbre, al elaborar pronósticos útiles. Sin embargo, las dificultades en la planeación estratégica se presentan más por el uso de los pronósticos que por su exactitud.

ii. Límites a la Exposición de Riesgos

Esta forma trata de limitar las pérdidas potenciales a través de mantener una posición en la cual se puedan soportar resultados adversos en caso de que se presenten sucesos impredecibles.

"Evitar por completo el riesgo, ni es posible ni conveniente". (Ackoff, 1983). En cambio, sí es posible buscar una estrategia que no tenga la probabilidad de ocurrencia de un desastre y, en caso de existir, que sea menor que la ganancia potencial, en caso contrario.

iii. Revisión Progresiva de la Estrategia

Esta es la manera principal de hacer frente a la incertidumbre. En las revisiones o actualizaciones se reconsideran los pronósticos que dieron origen a la estrategia; si existe un cambio se modifica el plan, manteniéndolo al día. Asimismo, se llenan los huecos en los aspectos que no eran tan claros al definir la estrategia y se lleva a cabo la medición del progreso del plan, considerando los sucesos ocurridos y su efecto en los planes definidos. De esta manera el Plan Estratégico debe estar al día.

iv. Oportunismo Preparado

Esta ayuda implica crear habilidades para adaptarse, aprovechar y apoderarse de nuevas oportunidades. Puede generarse en tres formas: creando recursos de reserva (capital, humano, capacidades, etc.), los cuales pueden obtenerse por exceso de necesidades actuales; acceso a recursos asignados, y flexibilidad para retirar usos actuales, vigilando los cambios que aparecen y desarrollando la habilidad para reaccionar rápidamente.

De esta manera "toda empresa toma decisiones que dan forma a su futuro, aun cuando sus ejecutivos no estén dispuestos a admitir las implicaciones a largo plazo debido a la incertidumbre que las rodea. La administración estratégica acepta la incertidumbre como inevitable y luego trata de convertir esa ambigüedad en una ventaja mediante la planeación estratégica". (Aguirre, 1993).

2.2 Definición de Supuestos

Una de las etapas importantes en el proceso para elaborar el Plan Estratégico se refiere al establecimiento de suposiciones acerca del ambiente de la organización, ya que la estrategia de una empresa se diseña en torno a condiciones pronosticadas y capacidades actuales.

Los supuestos básicos se refieren a situaciones que no puede controlar la empresa y su declaración se realiza considerando los acontecimientos presentes, con vías a determinar bajo qué hipótesis se elaborará el plan estratégico.

Asimismo, "la razón de que existan numerosos ejemplos de compañías con estrategias diferentes es que sus dirigentes prevén el futuro con base en supuestos diferentes y después se preparan para convertirlos en profecías autocumplibles". (Bianchi, 1995).

Para elaborar los supuestos es necesario identificar las variables que pueden cambiar o tener gran impacto en la empresa; normalmente estas variables se refieren a condiciones del entorno inmediato y mediato de la empresa.

Ver cuadro 2.1

Una vez identificadas se hace necesario contestara la siguiente pregunta, ¿Qué pasaría si esa variable cambiara?

Al elaborar los supuestos estamos realizando pronósticos sobre situaciones que pueden ocurrir en el futuro; por lo cual, los pronósticos son utilizados para detallar el estado de las condiciones que en el futuro pueden tener un impacto significativo en los éxitos o fracasos de la empresa, así como la forma en que pueden aprovecharse las ventajas que se presenten.

Elaborar anexo 2.1

2.3 ESCENARIOS DISEÑADOS

Esta técnica de pronóstico, también denominada de proyecciones está enfocada a describir las distintas alternativas que la empresa puede visual izar para el futuro.

En forma técnica. "Los escenarios son opiniones discretas, internamente congruentes de cómo será el mundo en el futuro, las que pueden seleccionarse para limitar la gama probable de resultados que pudieran ocurrir" (Fred, 1998). De esta manera, escenario es el conjunto de situaciones que habrán de configurar un entorno probable en el futuro.

Actualmente, ya no basta con esperar a que sucedan las cosas en el medio ambiente empresarial. El entorno es cada vez más turbulento y provoca la aparición de eventos imprevistos. Lo anterior obliga a las organizaciones a trabajar en el diseño y puesta en marcha de su futuro, a crear la clase de empresa que se desea tener. Esto se realiza en el proceso de planeación y más aun en el proceso de formulación de estrategias.

La estrategia está dirigida al futuro y construida sobre suposiciones. Las suposiciones se basan en pronósticos, los cuales son intentos de adivinar el futuro. Un escenario puede considerarse como una combinación de pronósticos de diferentes variables; de esta manera un escenario es el conjunto de situaciones que habrán de configurar un entorno probable en el futuro.

Se ha dicho que "es más fácil crear que predecir el futuro" y eso es cierto. Pero para crearlo hay que conocer cuáles son los pronósticos alternativos dentro del proceso encaminado a proyectar un futuro deseado y los medios efectivos para conseguirlo, entonces podemos tener las bases para lograrlo.

El método de escenarios se utiliza para explorar la probabilidad de posibles desarrollos y cambios así como para identificarla interacción de las tendencias y eventos inciertos futuros, haciendo énfasis en las relaciones causales y en los puntos de decisión.

Varios escenarios presentan diferentes futuros para discusión, análisis, planeación y posible resolución de problemas. El proceso es útil porque obliga a los gerentes a analizar no sólo futuras alternativas, sino a explicar cómo y por qué pueden ocurrir o no.

La manera más usual de definir futuros probables es contrastar escenarios opuestos, en situaciones extremas. Considerando lo anteriores necesario indicar que hacia adelante no hay futuro sino futuros:

A) Futuro Inercial
B) Futuro Idealizado
C) Futuro Proyectado

A. FUTURO INERCIAL

También llamado proyección de referencia es "un intento de especificar cuál sería el estado futuro de la entidad si no se hace nada nuevo; es decir, si no hay ninguna intervención planeada por parte de la administración". (Hofer, 1995).

De esta manera es una extrapolación de la actuación pasada de la empresa hacia el futuro, suponiendo que no ocurrirá ningún cambio significativo en su conducta, ni en la de su medio ambiente. Es decir, sin que haya ninguna intervención en su desarrollo. Es preciso considerar que tal proyección no es un pronóstico de lo que ocurrirá, sino de lo que sucedería si no hubiera intervenciones. Ya que aquellas son bastante probables, una proyección de referencia es más bien un pronóstico de lo que no sucederá.

El futuro inercial o proyección de referencia, consiste en una proyección de las condiciones actuales y una prolongación de las características que se han venido presentando durante la historia reciente de la organización.

Asimismo, descubre objetivos y necesidades potenciales que no pueden lograrse o satisfacerse si continúan las mismas condiciones.

El propósito de un escenario de referencia es identificar cuándo y cómo se derrumbará un sistema si no se realizan intervenciones. Se puede planear hacer intervenciones ahora y no esperar (como sucede generalmente) hasta que el sistema organizacional esté en crisis, ya que las intervenciones que se realizan durante las crisis rara vez proporcionan soluciones para los problemas. En cambio, las intervenciones planeadas es más probable que resulten creativas y eficaces.

Las consideraciones a tomar en cuenta en el diseño del escenario de referencia (futuro inercial) son las siguientes:

El diseño deberá ser interesante, retador e impactante. "Si está bien hecho mostrará que la problemática corriente es el resultado de lo que la empresa hace actualmente, hizo en el pasado y de lo que se le hace a ella". (Ibafin, 1985).

Deberá evidenciar los cambios a hacerse para no resentir la problemática.

Deberá ser guía para conducir los cambios y no esperar la dirección que le impongan fuerzas externas.

Aunque es sólo una proyección, deberá ser lo más creíble posible. Su énfasis radica en llamar la atención hacia los problemas verdaderos y permitir que se perciban su naturaleza y sus interacciones.

Deberá revelar que si se sigue con el mismo comportamiento no se podrán alcanzar los objetivos definidos.

La pregunta primordial, sobre la que descansa el análisis para, el diseño del futuro inercial es: Sí todo sigue como hasta ahora

¿Cómo estaríamos? La respuesta mostrará lo que ocurriría si no hubiera intervenciones.

Elaborar anexo 2.2 parte A

B. FUTURO IDEALIZADO

Es aquel hacia el cual siempre podemos avanzar, aunque nunca lo alcancemos. Es el ideal al que aspiramos y representa el modelo de actuación para lograr la excelencia continua como empresa.

Este futuro contesta a la pregunta ¿Cómo deseamos estar? y una forma sencilla de especificar este futuro es pensar en la clase de empresa y condiciones del entorno que desearíamos tener si tuviéramos la capacidad y la libertad para cambiarlas.

Las condiciones a la cuales se sujetará el diseño de este futuro son:

- Viabilidad desde el punto de vista tecnológico.

- Viabilidad desde el punto de vista operativo.

- Viabilidad desde el punto de vista presupuestal.

Asimismo el diseño de este futuro debe considerar tres principios:

1. Cuando no exista una base objetiva para tomar una decisión de diseño, el sistema debe diseñarse para que determine, en forma experimental, cuál de las alternativas disponibles es mejor.

2. El sistema debe diseñarse en tal forma que evalúe continuamente los puntos que abarca y las decisiones que se toman en su interior. Esto le permite aprender forma eficiente.

3. Como cualquier diseño incorpora supuestos sobre el futuro, el sistema debe diseñarse para que revise estos supuestos y se modifique en forma adecuada caso de que un supuesto no se cumpla. Esto le permite adaptarse con eficacia.

Cabe señalar que al diseñar este futuro ideal, se considera como tal en este momento por lo cual no es necesariamente el que existirá más tarde, ya que al ser tan sólo un modelo éste puede ser mejorado.

Elaborar anexo 2.2 parte B

C. FUTURO PROYECTADO

También considerado como proyección planeada es "una especificación de las posibilidades que tiene la entidad de lograr la proyección deseada... tiende a ser un compromiso realista entre la proyección referencial y la deseada, (y) representaría los objetivos y metas planeadas para ser conseguidas" (Kenneth, 1993).

Es aquel que se puede crear mediante una planeación y esfuerzo dirigidos y tiene como resultado la especificación del Plan Estratégico.

Al considerar esta clase de futuro, la empresa puede determinar las acciones más importantes que le permitan desarrollarse y obtener mejores posiciones competitivas, surge al comparar el futuro inercial y el futuro idealizado, haciendo posible que la empresa identifique qué aspectos necesitan mejoras haciendo, en algún momento, obvios los cambios para definir las estrategias.

Con lo anterior este tipo de escenario se convierte en un acercamiento a la clase de realidad que se quiere tener, considerando siempre los datos importantes sobre las variables clave y su comportamiento. Contesta a la pregunta ¿cómo podemos estar?

Para llevar a cabo la técnica de escenarios, considere las variables que se muestran en el cuadro 2.2, Modelo de Excelencia Competitiva.

2.4 EL ESCENARIO INTEGRAL

El Escenario Integral es el conjunto de datos resultantes del diagnóstico corporativo, tanto interno como externo, de la empresa. Asimismo, esa información permite conocer cuál es la situación actual de la organización, en cada una de las variables del modelo utilizado.

El análisis del diagnóstico permite identificar los elementos que forman el escenario integral: Fortalezas, Debilidades, Oportunidades y Amenazas.

La cobertura de cada elemento es la siguiente:

a. Fortalezas, factores o actividades de una organización que se manejan o hacen muy bien y producen los mejores resultados.

b. Debilidades, factores o actividades de una organización que limitan la actuación de la empresa y requieren de mejoramiento para incrementar su eficiencia.

c. Oportunidades, situaciones en el entorno, potencialmente favorables y atractivas para ser aprovechadas por la empresa.

d. Amenazas, situaciones en el entorno que representan riesgos y peligros para la empresa. *Ejemplo:*

Escenario Integral para una empresa metalmecánica.

FORTALEZAS

* Buena imagen de la empresa ante clientes.
* Preferencia de los clientes hacia los productos de la empresa.
* Nivel competitivo de precios.
* Suficiente capacidad instalada.
* Personal ejecutivo de alto nivel.
* Alta capacidad crediticia.
* Elevada rotación de inventarios.

DEBILIDADES

* Poca investigación sobre nuevos mercados.
* Minoritaria participación en el mercado.
* Costosa fuerza de ventas.
* Baja productividad laboral.
* Reducido número de ejecutivos.
* Alta rotación de personal.
* Escasez de mano de obra calificada.
* Limitada capacidad de almacenamiento.

OPORTUNIDADES

* Adquisición de otras empresas.
* Desarrollo de nuevas líneas de producto.
* Aprovechar estímulos fiscales a la reinversión.
* Exportación de productos actuales.

AMENAZAS

* Inflación creciente.
* Escasez de financiamiento.
* Nuevas preferencias del consumidor.
* Aparición de nuevos competidores.
* Escasez de materias primas básicas.
* Nuevas reglamentaciones laborales.
* Aparición de innovaciones tecnológicas.

Una vez armado el Escenario Integral, se hace necesario especificar la importancia y valor de cada factor o elemento; así como la forma en que se usarán en la empresa.

A. VALORACION DE FUERZAS Y DEBILIDADES

Esta matriz de evaluación, se basa en el método utilizado en General Electric. Al valorar las fuerzas y debilidades también se valora la capacidad de la empresa para aprovechar las oportunidades y eliminar las amenazas en el medio ambiente en que se encuentra.

El procedimiento a utilizar para valorar las fortalezas y debilidades de una empresa son:

i.   Enlistar las fortalezas y debilidades de la organización.

Elaborar anexo 2.3

ii.   Asignar ponderación a cada elemento que vaya de 0 (sin importancia) a 1 (muy importante). La suma deberá ser 1.0.

"La ponderación indica la importancia relativa de cada factor en cuanto a su éxito en una industria dada. Sin importar si los factores claves dan fortalezas o debilidades internas, los factores considerados como los de mayor impacto en el rendimiento deben recibir, ponderaciones altas". (Kenneth, 1977).

iii.   Calificar cada elemento según el siguiente criterio.

"Asignar una clasificación de 1 a 4 a cada factor, para indicar si esa variable presenta una debilidad importante (clasificación = 1), una debilidad menor (clasificación = 2), una fortaleza menor clasificación = 3), una fortaleza importante (clasificación =4):".(10)

iv.   Multiplicar calificación por su ponderación para obtener el resultado ponderado.

v.   Sumar los resultados para obtener total ponderado.

"Sin importar el número de factores por incluir, el resultado total ponderado puede oscilar de un resultado bajo de 1.0 a otro alto de 4.0, siendo 2.5 el resultado promedio. Los resultados mayores de 2.5 indican una organización poseedora de una fuerte posición interna, mientras que los menores que 2.5 muestran una organización con debilidades internas". (Koontz y O´Donnell, 1989).

El ejemplo correspondiente se presenta en el *cuadro 2.3* y muestra que la debilidad más importante es la inexistencia de estructura organizacional y la fortaleza más grande es la excelente calidad del producto.

Evaluando el total ponderado indica la existencia de una empresa con debilidades internas importantes.

Elaborar anexo 2.4

Una vez hecho lo anterior es preciso comparar este perfil con los factores clave de éxito de la industria y valorar su capacidad de aprovechar oportunidades y enfrentar amenazas. Para tal fin utilice el sistema descrito anteriormente.

Al finalizar esta valoración, la información generada debe incorporarse al proceso de definición de estrategias, ya que este análisis permite "identificar las fuerzas (o empujes) sobre las cuales el negocio puede construir una estrategia económica, viable y las debilidades críticas que debe vencer para evitar el fracaso o donde sus competidores puedan establecer análogas ventajas". (Menke, 1981).

Elaborar anexo 2.5

B. VENTAJA COMPETITIVA

Ahora bien, considerando las fortalezas o puntos fuertes de la organización es adecuado considerar cuáles son o cuál es la fuerza o ventaja competitiva de la empresa.

Esta ventaja será la base sobre la cual se diseñará la estrategia. La explotación de esa ventaja, al ser fundamento de toda la estrategia tiene como objetivo aumentarla o perpetuarla.

"La ventaja puede ser efímera o durable, pero siempre otorga al estratega la ocasión de aprovechar la oportunidad y crear recursos adicionales en favor de la empresa abriendo una brecha entre ésta y sus competidores". (Ohmae, 1983).

La ventaja puede ser estructural o funcional, la primera se deriva del tamaño de la empresa, organización, estructura financiera y de las condiciones del entorno en el que opera.

La segunda se adquiere a través del trabajo de la empresa y su personal. Ejemplos de cada una de ellas son: localización de una empresa cerca de su centro de consumo o abastecimiento, imagen de marca, avances tecnológicos, distribución, entre otras.

Una ventaja competitiva debe relacionarse con los factores clave de éxito en la industria y ser de esta forma, una buena capacidad que deberá ser aplicada en el lugar y momento propicio, teniendo en cuenta el estado de la competencia y el mercado.

Los factores clave de éxito son aquellas variables determinantes en una industria para que una empresa obtenga el éxito. Estos factores pueden ser resultado de condiciones externas como: motivos de compra, segmentación, diferenciación del producto o capacidades de la empresa, efectividad de ventas, calidad del producto, propiedad de patentes, etc.

Una ventaja competitiva es un elemento, en el proceso general de la empresa, y ninguna organización posee una ventaja competitiva sobre la totalidad del proceso.

Cada participante de una industria se esfuerza en todo momento por obtener una ventaja decisiva, y así compensar las ventajas relativas en el proceso". (Oxenfeldt, 1985).

Cada fase del proceso concede la posibilidad de crear una ventaja pero éstas no pesarán lo mismo en la decisión más importante, la del cliente.

Ejemplo de Ventajas se presenta el *cuadro 2.4.*

Una vez que el negocio haya identificado las principales ventajas que tiene sobre sus competidores tiene que decidir si éstas son o se pueden hacer suficientemente grandes y duraderas para que valga la pena construir en torno a ellas estrategias competitivas.

Elaborar anexo 2.6

C. VALORACION DE OPORTUNIDADES Y AMENAZAS

Para especificar el valor de cada uno de esos elementos utilizaremos el siguiente procedimiento, basado en la técnica G.E.

i. Listar las oportunidades y amenazas de la organización.

ii. Asignar ponderación a cada factor considerando 0, sin importancia a 1, muy importante. La suma de calificaciones deberá ser igual a 1.

iii. "Hacer una calificación de uno a cuatro para indicar si dicha variable presenta una amenaza importante (1), una amenaza menor (2), una oportunidad menor (3) o una oportunidad importante (4) a la organización".(Pascale, 1984).

iv. Multiplicar ponderación por calificación y obtener el resultado ponderado.

v. Sumar resultados ponderados para determinar el total ponderado.

"Un resultado 4.0 indicaría que una empresa compite en un ramo atractivo y que dispone de abundantes oportunidades externas, mientras que un resultado 1.0 mostraría una organización que está en una industria poco atractiva y que afronta grandes amenazas externas". (Pérez, 1983).

En el *cuadro 2.5* se presenta un ejemplo de este proceso de valoración.

Su análisis muestra lo siguiente: la derogación de normas gubernamentales es el factor más importante que afecta a la industria. Asimismo, existen dos oportunidades atractivas, desplazamiento de la población y sistema de información computarizada.

Asimismo se afronta una amenaza importante; las crecientes tasas de interés.

Sin embargo el resultado total ponderado muestra que la empresa se encuentra en una industria que está apenas por encima del promedio de atractivo.

Elaborar anexo 2.7

2.5 IDENTIFICACIÓN DE PROBLEMAS Y PRIORIDADES

Para identificar los problemas y determinar las prioridades de la organización pueden utilizarse dos métodos diferentes: Comparación de Escenarios y Comparación de Fortalezas, debilidades amenazas y oportunidades.

Los resultados, al emplear estos métodos, deberán ser la especificación de los aspectos en que la empresa debe ser fuerte para competir mejor.

A. COMPARACION DE ESCENARIOS

La comparación entre futuro idealizado y el inercial nos dará datos sobre las brechas de actuación que pueden presentarse y los principales problemas que debe resolver el negocio.

El resultado que esperamos lograr es contar con los problemas priorizados, con aquellas situaciones a las cuales debe enfocarse el plan para superar el estado actual y contar con ventajas permanentes en la industria.

Este análisis se centra en comparar lo que es (futuro inercial) contra lo que deberíamos ser (futuro idealizado).

El proceso para realizar esta comparación es el siguiente:

a. Comparar el futuro inercial y el futuro idealizado y determinar las diferencias de esas situaciones.

Ver cuadro 2.6 Elaborar anexo 2.8

b. Validar las brechas o problemas identificados a la luz de los factores clave de éxito.

c. Especificar la prioridad para resolver esa problemática, considera la escala que va de 1, nada importante a 4, muy importante.

Ver cuadro 2.7 Elaborar anexo 2.9 parte A

d. Definir las posibles acciones a realizar para solucionar esos problemas.

Elaborar anexo 2.9 parte B

B. COMPARACION DE OPORTUNIDADES, AMENAZAS, FORTALEZAS Y DEBILIDADES.

Una vez ponderadas las amenazas, oportunidades, fortalezas y debilidades; se armará una matriz para compararlas y definir las posibles acciones a realizar como bases para definir las estrategias.

El proceso para hacerlo es el siguiente:

a. Listar en una matriz las principales debilidades y fortalezas de la empresa.

b. Listar en esa matriz las principales amenazas y oportunidades del entorno.

c. Comparar ambas dimensiones y anotar las acciones dirigidas a aprovechar las oportunidades y evitar las amenazas.

d. Identificar de esas acciones, anotadas, las que representen problemas especificando su prioridad y la forma de resolverlos.

Ver cuadro 2.8 Elaborar anexo 2.10

Cuadro 2.1

**Variables Fundamentales para
Diseño de Supuestos**

1.- Condiciones económicas:
Inflación, tasas de interés, posibilidades de inversión, niveles de empleo, etc.

2.- Condiciones políticas:
Reglamentos, disposiciones, grupos dominantes, etc.

3.- Condiciones tecnológicas:
Tecnologías tradicionales, nuevas tecnologías, modificación de la tecnología actual, etc.

4.- Condiciones sociales:
Papel de la población, educación, estructura socioeconómica, etc.

5.- Abastecimiento de recursos:
Físicos, financieros, humanos.

6.- Mercados:
Crecimiento, preferencias, innovación, movimientos competitivos, contracción de la industria, etc.

Cuadro 2.2

**Esquema de Competitividad
Sustentable**

Procesos	Variables
PS. PROCESO SOCIALES	* Dirección y Liderazgo * Manejo del poder * Cultura * Clima
PE. PROCESOS ESTRATEGICOS	* Entorno * Sistema cliente proveedor * Carácter y Personalidad * Subsistemas
PA. PROCESOS ADMINISTRATIVOS	* Planeación * Organización * Integración * Control
PT. PROCESOS TECNOLOGICOS	* Conocimiento técnico * Capacidad instalada * Capacidad utilizada * Innovación

Cuadro 2.3

<table>
<tr><td colspan="4">Cuadro de Evaluación de
Fortalezas y Debilidades
(Ejemplo)</td></tr>
</table>

Elemento	Ponderación	Calificación	Resultado Ponderado
FORTALEZAS			
Excelente calidad del producto	0.18	4	0.72
Márgenes de utilidad mayores al promedio de la industria	0.10	3	0.30
Capital de trabajo disponible	0.15	3	0.45
Debilidades			
Baja moral de trabajadores	0.22	2	0.44
Inexistencia de estructura organizacional	0.30	1	0.30
No se emplea personal de investigación y desarrollo	0.05	2	0.10
TOTAL	**1.00**		**2.31**
Paso 1	**Paso 2**	**Paso 3**	**Paso 4 y 5**

Cuadro 2.4

Ventajas Competitivas

Procesos   Ventajas Posibles

SOCIALES   * Grupo directivo bien preparado.
                  * Identificación con la empresa.
                  * Excelente clima de trabajo.
                  * Buenas relaciones laborales.
                  * Cohesión de los grupos de trabajo.
                  * Cultura de cumplimiento.
                  * Administración participativa.
                  * Gusto y orgullo al trabajar aquí.

ESTRATEGICOS * Participamos en un mercado de acelerado
                    crecimiento.
                  * Excelente cartera de clientes.
                  * Imagen y prestigio de mercado.
                  * Calidad en el servicio a clientes.
                  * Claridad en el rumbo.
                  * Fuerte posición competitiva.
                  * Marcamos pauta en precios, estilos y modelos.
                    Productos triunfadores.
                  * Expansión y desarrollo de nuestra empresa.
                  * Somos reconocidos como autoridades en
                  * nuestra especialidad.
                  * Sistemas de computación modernos y eficientes.
                  * Métodos de trabajo actualizados y efectivos.
                  * Sistemas de control.
                  * Programas que dan resultados
                  * Descripción de puestos.
                  * Estructura funcional que da fluidez a las acciones.

TECNOLOGICOS * Componentes estandarizados.
                  * Fortaleza de investigación y desarrollo.
                  * Economía de escala.
                  * Suficiente capital de trabajo.
                  * Insumos garantizados.
                  * Innovación.
                  * Costos más bajos que los competidores.
                  * Conocimiento técnico ampliamente difundido.
                  * Condiciones ambientales agradables.

Cuadro 2.5

Evaluación de Oportunidades y Amenazas
(Ejemplo)

Elemento	Ponderación	Calificación	Resultado Ponderado
Oportunidades			
Desplazamiento de la población hacia el oeste	0.10	4	0.40
Derogación de normas gubernamentales	0.30	3	0.90
Sistema de información computarizada	0.20	4	0.80
Amenazas			
Tasas de interés creciente	0.20	1	0.20
Expansión de un competidor	0.20	2	0.40
TOTAL	**1.00**		**2.70**
Paso 1	**Paso 2**	**Paso 3**	**Paso 4 y 5**

Cuadro 2.6

Confrontación de Escenarios

Proceso	Futuro Inercial	Brechas	Futuro Idealizado
SOCIALES	Problemas con el personal al encontrar obstáculos para realizar su trabajo. Inexistencia de sistemas para asegurar su bienestar	Moral de los trabajadores	Alta satisfacción en la empresa. Relaciones cordiales jefe-subordinado. Liderazgo inspira al personal. Se trabaja en equipo.
ESTRATEGICOS	Crecimiento del mercado pero disminución de la participación. Competidores menores igualan a la empresa en volúmenes de productos.	Se pierde participación en el mercado.	Empresa ocupa un lugar en el mercado. Su participación en él es creciente, se conocen las características de clientes y competidores.
ADMINISTRATIVOS	Inexistencia de descripciones de puestos y sistemas eficaces para planear.	Planes y programas. Descripciones de puestos.	Se cuenta con planes y programas de cada área, las cuales son la base del control. Cada persona sabe qué hacer y se realizan evaluaciones periódicas del desempeño.
TECNOLOGICOS	Deterioro del equipo de manufactura y de producción por falta de renovación. Poco avance en investigación y desarrollo. Equipo e instalaciones en su capacidad técnica.	Equipo y maquinaria obsoleto. Falta innovar y desarrollar. Capacidad utilizada igual a la capacidad instalada.	Actualización tecnológica permanente. Equipo moderno y funcional. Se cuenta con instalaciones con buena capacidad.

Cuadro 2.7

Determinación de Prioridades

(ejemplo)

BRECHA \ F. C. E.	Atender nueva preferencias de consumo	Eficiencia de publicidad	Fortaleza financiera	Capacidad en producción	Superioridad Tecnológica	Disponibilidad Física	Precio	Calidad del producto	Sistema de distribución	Acceso a materia prima
PROCESOS SOCIALES ☐ Moral de los trabajadores				2						
PROCESO ESTRATEGICOS ☐ Se pierde participación	2	2	4			2	3	4	4	4
PROCESOS ADMINISTRATIVOS ☐ Planes y programas ☐ Descripción de puestos	1				1 2					
PROCESOS TECNOLOGICOS ☐ Equipo y maquinaria obsoletos ☐ Falta innovar y desarrollar ☐ Capacidad utilizada / Capacidad instalada	2				1 1	1				

Cuadro 2.8

**Matriz de Comparación, Oportunidades,
Amenazas, Fortalezas y Debilidades**

FORTALEZAS Y DEBILIDADES	FORTALEZAS	DEBILIDADES
	1. Capital de trabajo suficiente.	1. Disminución en lealtad de consumidores.
	2. Alta efectividad publicitaria.	2. Disminución de ventas al por menor.
OPORTUNIDADES AMENAZAS	3. Marca nuestra está de moda.	3. Desde 1982 se han cerrado nuevas plantas.

OPORTUNIDADES

1. Cliente orientado a mayor consumo.	* Añadir nueva marca.	
2. Se tiene el 43% de participación en el mercado.	* Atraer minoristas importantes.	
3. Minoristas importantes no venden la marca.		

AMENZAS

1. Principales competidores ganan participación en el mercado.		* Cierres de más plantas.
2. Distribuidores fuertes piensan retirar pedidos.		* Penetración a otros segmentos.
3. Anteriores dos años fueron malos para la empresa.		

Anexo 2.1

Supuestos Generales

INSTRUCCIONES: Considerando el proceso definido, indique bajo qué supuestos actuará la empresa en el próximo período.

Periodo proyectado: _____

VARIABLE	SITUACIÓN

Anexo 2.2.a

Diseño de Escenarios
A. Futuro Inercial

INSTRUCCIONES: Para cada una de las variables descritas, pregunte:

¿Cómo estaríamos en cada proceso si todo sigue como hasta ahora?

En procesos Sociales (P.S.)
En procesos Estratégicos (P.E.)
En procesos Administrativos (P.A.)
En procesos Tecnológicos (P.T.)

Anexo 2.2.b

Diseño de Escenarios
B. Futuro Idealizado

INSTRUCCIONES: Realice el diseño del futuro idealizado, contestando para cada variable las siguientes preguntas:

¿Cómo deseamos estar en el futuro?
¿Cuál sería nuestro modelo de excelencia para ser más competitivos?

En procesos Sociales (P.S.)
En procesos Estratégicos (P.E.)
En procesos Administrativos (P.A.)
En procesos Tecnológicos (P.T.)

Anexo 2.3

Escenario Integral

INSTRUCCIONES: Diseñe el escenario integral de su empresa, especificando las fortalezas, debilidades, oportunidades y amenazas.

FORTALEZAS	DEBILIDADES

OPORTUNIDADES	AMENAZAS

Anexo 2.4

Valoración de Fortalezas y Debilidades

INSTRUCCIONES: Considerando la lista de las fortalezas y debilidades determinadas en el anexo 2.3, evalúe cada una de ellas utilizando el procedimiento enunciado en el texto 2.4.

ELEMENTO	PONDERACION	CALIFICACION**	RESULTADO PONDERADO**
FUERZAS			
1.			
2.			
3.			
4.			
5.			
6.			
7.			
8.			
9.			
10.			
DEBILIDADES			
1.			
2.			
3.			
4.			
5.			
6.			
7.			
8.			
9.			
10.			

* DE 0.00 (SIN IMPORTANCIA) A 1.0 (MUY IMPORTANTE
** DEBILIDAD: IMPORTANTE (1) NO IMPORTANTE (2)
FUERZA DEBIL (3) Y FUERZA IMPORTANTE (4)

Anexo 2.5

Identificación de Factores Clave de Éxito

INSTRUCCIONES: Determine los factores clave de éxito de su industria y determine su importancia.

Factor clave de Éxito	Ponderación*	Calificación**	Resultado Ponderado**
1.			
2.			
3.			
4.			
5.			
6.			
7.			
8.			
9.			
10.			
Total	1.00		

* de 0.00 (baja importancia) a 1.0 (muy importante
** de 1 (muy bajo nivel de desempeño) hasta 5 (muy alto)
*** Multiplicar ponderación por calificación

Ventajas Competitivas

INSTRUCCIONES: Indique las ventajas competitivas que la empresa debe desarrollar

PROCESOS	VENTAJAS A DESARROLLAR
Proceso Sociales	
Procesos Estratégicos	
Procesos Administrativos	
Procesos Tecnológicos	

Anexo 2.7

Valoración de Oportunidades y Amenazas

INSTRUCCIONES: Considerando la lista de las oportunidades y amenazas determinadas en el anexo 2.3, evalúe cada una de ellas utilizando el procedimiento enunciado en el texto 2.4.

ELEMENTO	PONDERACION	CALIFICACION**	RESULTADO PONDERADO**
OPORTUNIDADES			
1.			
2.			
3.			
4.			
5.			
6.			
7.			
8.			
9.			
10.			
AMENAZAS			
1.			
2.			
3.			
4.			
5.			
6.			
7.			
8.			
9.			
10.			

*   DE 0.00 (SIN IMPORTANCIA) A 1.0 (MUY IMPORTANTE

**   AMENAZA: AMENAZA IMPORTANTE (1) AMENAZA MENOR (2)
     OPORTUNIDAD: OPORTUNIDAD MENOR (3) OPORTUNIDAD MAYOR (4)

*** Multiplicar Ponderación X Calificación y sumar al final.

Anexo 2.8

Confrontación de Escenarios

INSTRUCCIONES: Realice la comparación para identificar las brechas de actuación, utilice el Anexo 2.2

PROCESOS	FUTURO INERCIAL	BRECHAS	FUTURO IDEALIZADO
SOCIALES			
ESTRATEGICOS			
ADMINISTRATIVOS			
TECNOLOGICOS			

Anexo 2.9.a

A. Determinación de Prioridades

INSTRUCCIONES: Comparando las brechas y los F.C.E. especifique la prioridad de la problemática detectada.

F. C. E. BRECHA									
PROCESOS SOCIALES									
PROCESOS ESTRATEGICOS									
PROCESOS ADMINISTRATIVOS									
PROCESOS TECNOLOGICOS									

Anexo 2.9.b

B. Especificación de Acciones

INSTRUCCIONES: Determine qué acciones puede realizar para solucionar la problemática identificada. Considere las ventajas que posee la empresa.

PRIORIDAD	SITUACION / ACCION

Anexo 2.10

Matriz de Comparación
OPORTUNIDADES, AMENAZAS – FORTALEZAS, DEBILIDADES

FORTALEZAS DEBILIDADES	FORTALEZAS	DEBILIDADES
OPORTUNIDADES AMENAZAS		
OPORTUNIDADES		
AMENAZAS		

MÓDULO III

Visión, Misión y Filosofía

OBJETIVOS:

Al finalizar este módulo, el capacitando:

3.1   Definirá la Misión o propósito general de la Organización.

3.2   Especificará la Filosofía básica de la empresa.

3.3   Explicará el alcance de los objetivos de orden superior.

III

VISIÓN, MISIÓN Y FILOSOFÍA

3.1 VISIÓN Y MISIÓN CORPORATIVA

La visión para una empresa representa la imagen idealizada de lo que proyecta ser en el futuro.

Esta visión se ha definido considerando el Modelo de Excelencia, siendo además el punto de comparación para identificar las brechas de funcionamiento.

De esta visión se desprenderán todos los principios básicos de la empresa: Misión, Filosofía, Políticas, etc.

Toda empresa tiene una responsabilidad social que se establece en términos de utilidad, dando un juicio de valor sobre su contribución a fines económicos, el cual no tiene homologación con el significado de misión.

La misión es una delimitación de acciones posibles para la empresa y la concentración de recursos hace una intención permanente o semipermanente.

Su definición, recordatorio o redefinición permite reflexionar sobre las preguntas estratégicas fundamentales: ¿en qué negocio hemos estado? y ¿en qué negocio deberíamos estar?

Al declararse se está iniciando la etapa más importante en la planeación estratégica: la decisión estratégica.

Su importancia es tan grande que todas las acciones deben considerarse como guía fundamental, por lo cual se convierte en el "marco disciplinario dentro del cual el gerente opera". (Ackoff, 1986).

De esta manera misión es considerada como:

LA DECLARACION DEL PROPOSITO O RAZON DE SER DE LA EMPRESA, ESPECIFICANDO EL CAMPO DE NEGOCIOS A CUBRIR

Las características principales de la misión son:

* Proporcionar a los integrantes de la empresa un sentido de propósito.
* Tener la visión de algo deseado acompañado del interés por conseguirlo.
* Contar con un marco de referencia dentro del cual las estrategias pueden seleccionarse.
* Establecer la finalidad de la empresa, favoreciendo su continuidad.

Los factores que debe incluir la misión son:

1. Orientación del esfuerzo a través de la declaración sobre su mercado y actividad local, internacional, comercialización o fabricación, etc.
2. Propósito económico a través de la declaración de sus intenciones económicas. Utilidad, crecimiento, etc.
3. Producto o servicio, especificado a través de la línea de productos o servicios, ofrecidos, "dado que la especificación de una línea de producto de un negocio sin la designación del mercado puede dar como resultado un alcance de misión demasiado amplio". (Ackoff, 1983).

4. Dimensión social, reflejando la clase de convicción hacia la gente de la empresa, personal, clientes, etc.
5. Calidad, considerada como el cumplimiento de los requisitos.

Las guías que dirigen la especificación de la misión son: los supuestos del grupo ejecutivo, el escenario idealizado, el campo de negocios y el escenario integral. Asimismo, ayudan a: determinar el tamaño de la empresa, su zona de competencia, la distribución de recursos; identificar nuevas oportunidades y amenazas y clarificar el tipo de trabajo a realizar así como especificar la clase de productos a elaborar.

Si las misiones son bien elaboradas pueden cambiar el destino de una empresa, pero al contrario su mala definición puede ocasionar problemas a la empresa o su desaparición.

Ejemplos de estas situaciones son:

a. Una compañía que declaró su misión como "producir locomotoras de vapor" en vez de "producir el poder de tracción para los ferrocarriles".

b. D.H. Baldwin fabricante de pianos, debido a la creciente competencia de Japón, decidió buscar nuevos negocios, descubrió que la financiación de las ventas de menudeo era un negocio lucrativo; por lo que decidió introducir instituciones financieras como nueva línea de negocio.

c. Dos compañías que trataron de cambiar sus misiones: G.E. y R.C.A, al incluir computadores como línea de productos; tuvieron que retractarse al obtener pésimos resultados.

d. Gerber y Johnson & Johnson, son dos empresas que ajustaron su misión como respuesta a los cambios ambientales. Por años Gerber estableció: "Los bebés son nuestro único negocio", pero al observar que la proyección sobre la población de bebés disminuía, estableció: "Los bebés son nuestro negocio", y añadió nuevos productos y servicios a su línea.

Johnson, al enfrentar los cambios, se decidió a vender productos para bebés a la población adulta. Dos enfoques diferentes, para una misma situación.

Desafortunadamente, sólo puede determinarse si una misión es correcta o incorrecta hasta después de haber tomado la decisión, por lo cual al definirla habrán de considerarse los siguientes principios:

A. La misión tiene un carácter estable y permanente, lo cual le da continuidad de aplicación.

B. Esta finalidad no tiene una tendencia de cambio, excepto en las situaciones en que tanto los cambios del entorno como los deseos de los ejecutivos así lo requieran.

C. En virtud de que la misión es un precepto básico e inamovible, tanto las estrategias como las metas pueden modificarse en función de los acontecimientos del momento.

D. Deberá ser lo suficientemente clara para generar compromiso en la actuación.

Para aclarar su consistencia es preciso indicar lo que no es misión.

1. La Misión no es estrategia.

La misión define la finalidad y la estrategia plantea como lograrlo.

Ejemplo:

Misión: Servir al consumidor a través de la distribución al por menor de artículos para regalos.

Estrategia: Adquirir empresas minoristas, compatibles con nuestra organización y que favorezcan nuestra expansión hacia mercados prometedores y factibles.

2. La Misión no es un objetivo.

La misión implica continuidad y un objetivo concretiza la acción. La misión valida los objetivos y éstos contribuyen con su cumplimiento al logro de la misión.

Ejemplo:

Misión: Fabricar y comercializar pinturas y servicios de calidad suprema que satisfagan las necesidades de los consumidores, buscando siempre el liderazgo en el mercado, manteniendo una adecuada rentabilidad y liquidez, guiando sus acciones con plena seriedad y honestidad.

Objetivo: Lograr un rendimiento sobre la inversión del 15% después de impuestos para el periodo actual.

Por su definición la misión puede ser:

a) Centrada en el ejecutivo, principal dueño, presidente o director general.

b) Centrada en el grupo directivo, compuesto por la alta dirección y el grupo gerencial de primera línea.

La segunda forma es la más aconsejada, sin embargo no siempre puede darse, ya que si la empresa no cuenta con personal de calidad en niveles directivos o en estilo de dirección, no permite la participación grupal; el enfoque no será nada provechoso.

Partiendo del hecho de que lo más favorable es el segundo enfoque presentamos los puntos básicos para formular la misión.

Proceso para Formular la Misión

1. Hacerse las siguientes preguntas:

* ¿En qué negocio estamos? ¿Ha cambiado o es el mismo de hace tiempo?

* ¿Nuestros productos son los mismos o han cambiado?
* ¿Qué es valioso para los clientes? ¿Qué compran o han dejado de comprar?
* ¿Qué es lo que queremos que haga la gente? ¿Qué hace actualmente?
* ¿Qué hacíamos al principio de la vida de nuestra organización?
* Eso, ¿difiere de lo que hacemos hoy?
* ¿Cuál es la necesidad funcional teórica que pretendemos satisfacer?
* Esa necesidad ¿Es permanente? ¿De qué manera se manifiesta? ¿Puede satisfacerse con opciones múltiples?

Para contestarlas base sus comentarios en los diagnósticos realizados. Determine puntos concretos y anote lo más importante.

2. Analice el propósito o misión definida en el diseño del futuro idealizado, rescate los aspectos importantes.

3. Hágase las siguientes preguntas sobre el desempeño a futuro.

* ¿Qué productos deseamos promover?
* ¿Qué mercados deseamos atacar?
* ¿Qué niveles de servicios queremos para nuestros clientes?
* ¿De qué forma deseamos lograr un máximo de utilidades?
* ¿Cómo queremos utilizar a los recursos humanos?
* ¿Qué papel desempeñará la calidad en nuestra empresa?

4. En forma individual compare lo obtenido en los puntos 1, 2 y 3 y defina una misión tentativa, siempre orientada a los resultados deseados. Trate de ser breve y conciso. Si no es posible elabore una lista de propósitos.

5. Realice el punto 4 varias veces hasta que esté en la posibilidad de definir prioridades en sus elementos y declarar una misión coherente.

6. Reúnase en grupo y escuche la misión preparada por cada integrante. Analice cada misión para mejorarla y elija la que reúne los requisitos de la mayoría. Concluya con la definición formal de la misión de la empresa.

Al definir la **misión**, deberán considerarse los siguientes aspectos.

a. La final corre a cargo del más alto nivel de la empresa.
b. El enfoque sirve para compartir la orientación de la empresa.
c. Una vez definida la misión, las demás acciones deberán contribuir a su logro.
d. Asociada a la definición de la misión deberá redactarse el marco de referencia bajo el cual actúa la misión, la filosofía.
e. La formalidad de la misión deberá declararse en forma escrita y deberá darse la difusión necesaria para que sea conocida, respetada y perseguida.

Para finalizar, cabe mencionar que la definición de la misión es por lo general expresada con altos niveles de abstracción, lo cual tiene sus ventajas: al no definir fines concretos se proporciona una guía general de acciones para motivar al personal en su actuación.

El detalle o el exceso de él pueden generar oposición, represión a la creatividad, rigidez y resistencia.

Se recomienda una redacción breve y sencilla, ya que demasiadas premisas pueden distorsionar la intención y el enfoque de los ejecutivos.

a. *Misión de una empresa fabricante de sistemas de combustión:*

Nuestro compromiso es manufacturar y vender productos y servicios de alta calidad a un bajo costo, para satisfacer las necesidades de las industrias que requieren procesos de transformación con calor; ofreciendo un buen nivel de vida a nuestros empleados y otorgando un alto retorno a largo plazo a nuestros accionistas.

b. *Misión de una empresa metalmecánica:*

Aspiramos a mantenernos como la empresa líder en ingeniería del sellado y la solución de problemas ocasionados en el manejo de fluidos, logrando el reconocimiento de la mejor calidad de producto y servicio, obteniendo los márgenes adecuados de utilidad, dentro del contexto de una empresa de economía sana y conservando el ritmo de crecimiento necesario para satisfacer nuestras aspiraciones de excelencia, en un ambiente de trabajo humano y de crecientes oportunidades para la superación personal y profesional.

c. *Misión de una empresa dedicada a la instalación de sistemas contra incendio:*

Nuestro compromiso es brindar a la sociedad sistemas confiables y de calidad para la protección de vidas y propiedades contra el riesgo del fuego.

d. *Misión de una empresa productora y comercializadora de películas y video películas:*

Generar y Administrar negocios' rentables y de calidad, en comunicación por imagen y sonido.

Para finalizar considere que "cuando los propósitos y las misiones están bien preparadas no sólo benefician al dirigir los asuntos internos de la compañía, sino que también mejorarán la imagen pública de ésta última". (Aguirre, 1993).

Elaborar anexo 3.1

3.2 FILOSOFÍA DE LA ORGANIZACIÓN

Para que la misión de una organización o empresa se concrete, es necesario que actúe dentro de un marco de referencia que logre que se vaya tornando en una realidad la clase de organización o empresa que se quiere tener.

Como lo determinamos en el Diagnóstico Organizacional uno de los aspectos importantes del funcionamiento de la empresa son los procesos sociales y en especial la cultura como tal descrita en los siguientes términos: Suma de valores, mitos, héroes, símbolos que han llegado a representar algo muy importante para las personas que trabajan en la organización.

La filosofía pretende, con el paso del tiempo, formar parte de esa cultura, lo cual será posible en la medida en que los preceptos que agrupa sean aceptados, comprendidos y aplicados por el personal.

De esta manera, filosofía es:

El sistema de valores, creencias y principios que integran el modo de vida y de pensamiento de una organización, significando algo muy importante para las personas que ahí trabajan; formando su peculiar manera de ver y sentir las cosas.

Una buena filosofía debe ser una adecuada combinación de credo y práctica dirigida a obtener mejores resultados de todos los niveles de la empresa; asimismo debe ser una armoniosa integración de todos los valores y principios importantes para la empresa de tal forma que asegure su supervivencia.

Los beneficios para la organización que cuenta con una buena filosofía son:

- Hace a los ejecutivos más conscientes sobre los objetivos de la empresa al tomar sus decisiones.
- Aclara sus ideas sobre el trabajo y da significado a sus decisiones.
- Permite evitar la rutina en las acciones, por considerar tan solo las reglas o procedimientos.
- Permite que el personal se involucre en su trabajo al dar un sentido de misión y compromiso hacia los objetivos.
- Permite mejorar el nivel de comprensión sobre lo que se hace.

Las características que debe reunir una filosofía organizacional son:

a. Debe convertirse en una verdadera mística para todos los integrantes.

b. Debe armonizar los valores institucionales e individuales.

c. Debe fomentar el desarrollo de sus integrantes.

d. Debe ser integral, incluyendo los intereses y valores de los grupos de la empresa.

e. Debe ser práctica, concreta y explícita para utilizarse como una buena herramienta directiva.

f. Debe motivar al personal, evitando frases vagas o retóricas y sin ningún sentido.

g. Debe ser clara, definiendo lo que se está tratando de alcanzar y lo que se espera llegar a ser.

h. Debe estar escrita en forma sencilla.

i. Debe poder utilizarse como base para definir las políticas, metas y estrategias de la empresa.

j. Debe manejar valores significativos, duraderos y realizables.

Proceso para definir la Filosofía

i. Identificar la filosofía actual de la organización o empresa.

ii. Especificar la filosofía y valores que ayudarán a cumplir la misión.

iii. Agrupar esos principios y valores en categorías generales, como pueden ser los objetivos de orden superior.

iv. Analizar la viabilidad y congruencia de la filosofía.

v. Presentar esta propuesta al grupo ejecutivo y discutir su integración.

vi. Elaborar y redactar la versión definitiva.

"Los objetivos de orden superior tienen una función pragmática por cuanto influyen en las realizaciones al nivel operativo; proporcionan a los empleados una **"brújula"** gracias a la cual apuntan sus pasos en la dirección correcta". (Bianchi, 1995).

Las categorías de los valores u objetivos de orden superior son: (5)

1. "La organización como entidad"

Incluye valores que se relacionan con la empresa y cuya existencia hacen posibles la identificación, aprobación y admiración de los que en ella trabajan.

Ejemplo:

Sentido familiar, armonía en las relaciones, respeto al individuo, honestidad, colaboración, estilo de liderazgo, manejo del poder, etc.

2. "Los mercados exteriores de la compañía"

Abarca valores relacionados con los productos y servicios que ofrece la organización y sus características hacia todos los mercados que atiende.

Ejemplo:

Calidad, servicio, atención de necesidades, puntualidad en la entrega, garantías, asesoría técnica, confiabilidad, etc.

3. "Las operaciones internas de la organización"

Se refieren a valores que describen la forma de actuar de la empresa y su énfasis en el logro de resultados concretos.

Ejemplo:

Rendimiento, costo, innovación, productividad, habilidades y capacidades, tecnología, forma de administrar, sistemas y métodos de trabajo, etc.

4. **"Los empleados y la organización"**

Valores relacionados con las necesidades profesionales individuales del personal de la organización ó empresa.

Ejemplo:

Actualización de conocimientos, formación y desarrollo del personal, sistemas para el manejo de recursos humanos, oportunidades de desarrollo, etc.

5. **"Relaciones de la Organización con la Sociedad y el Estado"**

Incluye los valores que reflejan las exigencias legales y las expectativas de la comunidad a la que pertenece la organización o empresa.

Ejemplo:

Relaciones sanas con los elementos del entorno, (proveedores, clientes, accionistas, gobierno comunidad, competencia); respeto y cumplimiento de las obligaciones legales, contribución al desarrollo del país, etc.

6. **"Relaciones de la organización con la cultura"**

En esta clase, se manifiestan los valores de la cultura y aún con la religión.

Ejemplo:

Justicia, honradez, armonía, disciplina, constancia, solidaridad, etc.

De estas grandes categorías, la organización puede desprender las que ayuden a declarar sus principios básicos:

Ejemplo:

a. Empresa Fabricante de Sistemas de Combustión.

Sobre nuestros Recursos Humanos

* Creemos en el valor e importancia del ser humano y como tallo consideramos.
* Sabemos que nuestro personal tiene deseos de superación y necesidad de colaborar en el logro de nuestros objetivos.
* Apoyamos el deseo de nuestro personal para convertirse en individuos de calidad y hacer un trabajo de calidad.
* Promovemos el desarrollo diario a través de la capacitación y el cumplimiento de sus responsabilidades como medio para lograr, mejoras en la organización.

Sobre la Ética en los Negocios

* Realizamos negocios sobre las bases de respeto a nuestros clientes y proveedores, reglamentos oficiales y normas que nos impone la sociedad.
* Valoramos el gran compromiso que tenemos frente a nuestra comunidad de permanecer, como una fuente de trabajo sólida y rentable.

Sobre la Productividad y la Efectividad

* Aceptamos el reto que significa lograr índices de productividad elevados y competitivos como resultado de nuestra entrega y dedicación.
* Asumimos la responsabilidad de ser personas eficientes y obligaciones a manejar nuestros recursos de tal manera que no incurramos en desperdicios ni reprocesos.

b. Empresa dedicada a la Instalación de Sistemas Contra Incendio.

Creemos en el Desarrollo Permanente dentro del Trabajo

* Porque el ser humano representa fuerza, conocimiento y su personalidad hace a cada uno de ellos valiosos.

* Porque el esfuerzo por mejorar y actualizar nuestros conocimientos es una obligación permanente en nuestra empresa, la cual nos brinda las mejores oportunidades de hacer una brillante carrera.

Creemos que nuestros Objetivos personales y los de la Empresa son los mismos

* Porque nuestro crecimiento depende de nuestros resultados.

* Porque sabemos que la armonía en nuestras relaciones nos permite disfrutar de nuestra trabajo.

Creemos en nuestro compromiso con México

* Porque nuestros servicios mantienen la fe en lo que nuestro país produce.

* Porque mantenemos con orgullo a nuestra empresa como fuente permanente de trabajo.

Creemos en la completa satisfacción de nuestros Clientes

* Porque perseguimos no sólo una buena atención sino un servicio excelente.

* Porque ellos hacen posible que nuestro crecimiento y desarrollo sean constantes.

Creemos en nuestra obligación de lograr los mejores Resultados

* Porque sabemos que de nuestro mejor esfuerzo dependen las mejores retribuciones.
* Porque tenemos la obligación de responder a la confianza de nuestros accionistas.

c. *Grupo de Empresas dedicadas a la Producción y Comercialización de Películas y Video-películas.*

Sobre nuestras Capacidades y Calidad Humana

* El ser humanos es el pilar que sostiene nuestra empresa.
* Nuestro esfuerzo nos conduce al mejoramiento laboral, personal y económico.
* Nuestra lealtad y honradez demuestran que somos responsables para dirigir nuestras acciones.

Sobre nuestras Capacidades como Empresa

* Tenemos las capacidades, habilidades y conocimientos necesarios para lograr la excelencia.
* Las evaluaciones en nuestro trabajo nos ayudan a desempeñar óptimamente nuestras funciones.

Sobre la Contribución de nuestros Productos para lograr la satisfacción de nuestros clientes.

* Nuestros productos van encaminados a brindar diversión, entretenimiento y cultura.
* Nuestros clientes nos exigen un mejoramiento constante en nuestra actuación por lo que debemos otorgar la calidad y el servicio más altos del mercado.

Sobre nuestra obligación de dar Resultados

* Nuestro crecimiento dependen de la calidad de nuestros logros.
* El obtener buenos resultados es producto de nuestro trabajo.

Sobre nuestra obligación de contribuir al desarrollo de nuestro país.

* A través de la conquista de mercados extranjeros podemos contribuir a fortalecer la imagen productiva de México.
* Debemos mantener a nuestras empresas como fuentes permanentes de trabajo, capaces de cumplir con sus obligaciones sociales.

Elaborar Anexo 3.2

Anexo 3.1

Misión de Empresas

INSTRUCCIONES: Considerando el proceso descrito en el texto 3.1, formule la propuesta de misión para su empresa.

Anexo 3.2

Filosofía Corporativa

INSTRUCCIONES: En base al proceso definido en el texto 3.2, defina la filosofía para su empresa.

MÓDULO IV

Políticas y Metas Organizacionales

OBJETIVOS:

Al finalizar este módulo, el capacitando:

4.1 Presentará el alcance e importancia de las Políticas Generales.
4.2 Especificará las Políticas Organizacionales.
4.3 Identificará y definirá las metas generales de la Empresa.

IV

POLÍTICAS Y METAS ORGANIZACIONALES

4.1   POLÍTICAS GENERALES

Una vez definida la misión, el siguiente paso es elaborar las políticas. Existen varias definiciones entre las cuales se encuentran las siguientes:

"Enunciados generales o maneras de entender que guían o canalizan el pensamiento o la acción en la toma de decisiones". (Ackoff, 1986).

"Lineamientos para llevar a cabo una acción. Ellas establecen el universo en el cual una acción se puede realizar". (Ackoff, 1983).

Para nuestros fines, manejaremos a las políticas como:

Principios generales e ideas fundamentales de los dirigentes que guían el pensamiento y la acción en la toma de decisiones, dando directrices que inspiran la gestión de la empresa.

En organizaciones muy pequeñas estas guías, generalmente, están en la mente del único hombre que decide, pero en empresas donde una gran cantidad de personas están comprometidas en la toma de decisiones, es importante que exista algo que ayude a unificar ya permitir coherencia entre las acciones, las políticas sirven para ubicarlos y regirlos de tal forma que todos vayan hacia el mismo rumbo. De ahí la necesidad de poner por escrito y dar a conocer las políticas que sentarán las bases para una conducta coherente.

Para que las políticas sean útiles deben dar guías precisas de acción en asuntos específicos e importantes y así ayudar a comprender a las personas que están dentro de la empresa, lo que se espera de ellas y a los de afuera a comprender lo que se espera de esa organización.

La determinación de las políticas debe hacerse a la medida de cada empresa, para que esté de acuerdo con los hechos; ya que si la política dice una cosa y los hechos demuestran otra, se pierde la credibilidad en la política escrita e inclusive se hace extensiva esa sospecha a otras declaraciones.

Cada empresa tiene una historia, dirección y estado de desarrollo únicos, por lo tanto las políticas deberán estar de acuerdo a esos datos.

"El grado de amplitud o latitud de estas reglas dependerá del tamaño de la organización, pero siempre debe buscarse que las políticas no obstaculicen la imaginación creativa y la iniciativa de los individuos, al mismo tiempo que aclaren lo que pueden y no pueden hacer los miembros de la empresa para poder alcanzar los objetivos corporativos". (Aguirre, 1993).

Las características más importantes que deben reunir las políticas son:

* Deben permitir discreción y flexibilidad en su aplicación.
* Deben permitir la coordinación y armonización entre todas las áreas de la empresa.
* Amplían las líneas de actuación a seguir para lograr los objetivos previstos.

* Tienen una tendencia a largo plazo.
* Requieren una revisión y actualización periódica para adecuarlas a las situaciones imperantes.
* Precisan el punto de vista y la filosofía de la dirección.
* Anticipan condiciones y situaciones indicando la manera de enfrentarse a ellas.
* Consideran el tratamiento y canalización de los asuntos y problemas de importancia que se presentan con frecuencia.
* Definen áreas de decisión y guían el pensamiento en la toma de decisiones.
* Fomenta la iniciativa dentro de ciertos límites, ya que el grado de libertad dependerá del tipo de política y de la posición y autoridad de quien la aplica o interpreta.
* Afectan a todas las áreas y niveles de la organización.

Los propósitos que persiguen las políticas son:

* Conferir a la empresa un sello característico y diferente al de las demás empresas de su giro.
* Promover la libertad, la iniciativa y el criterio de decisión para elegir la mejor alternativa que resuelve una situación, dentro de ciertos límites.
* Definir las normas de comportamiento que deben imperar en la empresa.
* Permitir a cada una de las áreas y sectores de la empresa asumir su responsabilidad en la ejecución de sus tareas.
* Disciplinar la manera en que debe desarrollarse la vida de la organización.
* Definir e implantar una base común que guíe la toma de decisiones.
* Coordinar y controlar las actividades de planeación, fijando límites dentro de los cuales deben funcionar determinadas actividades o unidades de operación.
* Proporcionar las bases que permiten efectuar y controlar la delegación de autoridad.

* Mantener un clima de trabajo favorable que fomente la confianza y facilidad en la toma de decisiones y estimule el mejoramiento en el trabajo y en los resultados.

Al definir las políticas se deben considerar las siguientes precauciones, no confundirlas con reglas ni con objetivos.

A. Una Política no es una Regla.

Una política al ser guía de pensamiento o acción en la toma de decisiones, debe permitir cierta discreción. Cuando no la permite o establece guías definidas de acción se convierte en regla.

Ejemplos:

Política: Se comprarán las materias primas al proveedor que ofrezca el precio más bajo.

Regla: Comprar las materias primas a la Compañía González, S. A.

B. Una Política no es un Objetivo

Una política enuncia un objetivo, lo concretiza. Una vez definidas las políticas es necesario definir los objetivos a alcanzar.

Ejemplos:

Política: Se promocionarán los artículos más lucrativos.

Objetivo: Realizar una campaña de publicidad en la Zona A del artículo X en este año para lograr un 25% de aumento en su volumen de ventas.

Por su Origen las políticas pueden ser:

Formuladas

Son las definidas por los altos niveles jerárquicos, dirección general, con el propósito de dar guías a la actuación de los subordinados.

Consultadas

Originadas en consultas que se hacen a los niveles jerárquicos superiores para tratar casos excepcionales.

Implícitas

Son formuladas considerando los hechos y acontecimientos cotidianos y rutinarios y aún de interpretaciones personales sobre acciones de los niveles jerárquicos superiores.

Impuestas Externamente

Son derivadas por imposiciones de agentes externos a la empresa pero cuya connotación obligan a considerarlas. Ejemplos de estas son leyes, acciones, disposiciones, acuerdos, etc., promovidos por gobierno, autoridades regionales, sindicatos, cámaras, asociaciones, etc.

Consideraciones para su Formulación

1. Si bien se ha descrito cuales son las clases de políticas, según su origen, es preciso determinar que no todas son efectivas en un cien por ciento. Pero dentro de ellas, las que más ayuda brindan como orientadoras en la toma de decisiones, son las formuladas y las impuestas externamente.

Las consultadas en ocasiones tienen versiones parciales o carecen de coordinación y aún mas, cuando una política es consultada se cuestiona su razón de ser y su validez queda eliminada.

En cuanto a las implícitas, por estar "basadas" en apreciaciones sobre las acciones de los subordinados, en ocasiones se interpretan como políticas las decisiones menores que el equipo directivo toma sin la intención de que sirvan como precedente.

2. El proceso de formular políticas firmes e integradas resulta ser difícil de realizar por las siguientes razones:

   a. Rara vez son puestas por escrito.
   b. Sus interpretaciones exactas son poco conocidas.
   c. La delegación de la autoridad, que las mismas políticas apoyan, promueven una participación e interpretación muy amplia.
   d. No siempre es fácil controlar y verificar su aplicación.

3. Para brindar ayuda en el proceso de formulación de políticas y que su aplicación sea efectiva, se sugiere se contemple lo siguiente:

4. Al elaborar las políticas existe una gran variedad de factores que influyen en su definición tales como: experiencia, conocimiento, sentimientos y valores personales y organizacionales, formación profesional, opinión pública y estatal, entre otras.

   a. Deben contribuir al logro de planes y objetivos.
   b. Deben ser consistentes.
   c. Deben ser flexibles pero no a tal grado que se observen ligeramente o se descuide su aplicación.
   d. Deben diferenciarse de las reglas y procedimientos.
   e. Deben establecerse por escrito ya que esa es la mejor forma de hacerlas funcionar.
   f. Deben difundirse y enseñarse; el que estén escritas no significa que sea suficiente.
   g. Deben explicarse hasta que sean entendidas, ya que el no conocerlas por completo, impiden su aplicación y generan desconfianza.
   h. Deben controlarse, evaluarse y actualizarse periódicamente para que no pierdan su validez y consistencia.
   i. Debe existir alguien que coordine o interprete adecuadamente su aplicación.
   j. Deben considerar y abarcar los procesos organizacionales.

Ejemplos:

a. Política de General Motors:
* Competencia de calidad entre productos por debajo de un cierto precio y competencia de precio entre productos por encima de aquella calidad.

b. Política de Calidad de Linan. (Federal Mogul):
* Nuestro esfuerzo está dirigido a mejorar la Calidad de lo que producimos, controlando las variaciones del proceso más que detectando el producto fuera de especificaciones.

c. Políticas de Ford Motor Co.:
* Involucrar a nuestros empleados es nuestro estilo de vida. Somos un equipo, debemos tratarnos unos a otros con confianza y respeto.
* Los concesionarios y proveedores son nuestros socios. La compañía debe mantener una relación de beneficio mutuo con sus concesionarios, proveedores y demás asociados.

d. Políticas de capacitación de Banorte:
* A través de la estructura organizacional diseñada, favorecemos el desarrollo del personal de Banorte, entrenándolo según su perfil de puesto y programando su trayectoria acorde a sus aspiraciones, posibilidades y desempeño actual de trabajo.

e. Políticas de una empresa fabricante de sistemas de combustión:
* Debemos contar con el personal calificado y capacitado de primer nivel en cada puesto de trabajo.
* Debemos mantener buenas relaciones con el sindicato y hacerlo partícipe de nuestros planes y operaciones.

* Manejaremos a la calidad y la productividad como prioridad básica en el desempeño de nuestras funciones.
* Brindaremos servicio y asesoría técnica oportuna a todos los mercados y clientes que atendemos.

f. Políticas de un grupo de empresas dedicada a la producción y comercialización de películas y videopelículas.

* La participación grupal e individual será prioritaria, dando apoyo a la formulación de sugerencias y recomendaciones, las cuales serán siempre consideradas.
* Cada empresa de nuestra corporación deberá crecer y desarrollarse continuamente no sólo en tamaño, sino también en calidad de servicios.
* Los sistemas y procedimientos que se apliquen deberán demostrar su eficacia en la operación y actualizando los que han brindado buenos resultados en el pasado.

g. Políticas de una empresa alimenticia:
* La calidad y la productividad toman prioridad central, en función de la satisfacción a nuestros clientes y consumidores.
* La conducta de nuestra empresa en el entorno debe ser tal que sea reconocida como una empresa seria, responsable y generadora de productos y servicios de calidad y productividad que contribuyen positivamente a la comunidad.

Una forma de categorizar a las políticas generales es considerando los tipos de objetivos de orden superior; para hacerlas congruentes con los principios filosóficos propuestos.

Elaborar Anexo 4.1

4.2 Metas Generales

La especificación de las metas constituye el paso primordial para aclarar y concretar las intenciones establecidas en las misiones y propósitos de la empresa, ya que al hacerlo será posible conocer lo que se trata de lograr y definir las estrategias y programas específicos.

Una forma de definir metas se refiere a "un resultado que se desea o necesita lograr dentro de un tiempo específico". (Bianchi, 1995).

Para nuestro modelo de planeación estratégica, consideramos a las metas como los fines hacia los cuales se dirigen las actividades representando no solo el punto crítico de la planeación, sino también el lugar hacía donde se encaminan la organización, la integración, la dirección, el liderazgo y el control.

Las metas marcan el tipo de desempeño y resultados que la empresa pretende lograr, facilitan la coordinación de las decisiones del grupo directivo y proporcionan medidas para evaluar la actuación organizacional.

En el proceso de elaboración de metas es muy importante la participación de los ejecutivos y la consideración de los siguientes aspectos: Las oportunidades y amenazas del entorno, las capacidades, fuerzas y debilidades de la organización, el sistema de valores imperantes y los escenarios definidos.

Al formular las metas se deben observar los siguientes criterios:

1. Congruencia. Su logro debe apoyar y contribuir a la misión de la empresa.
2. Medida. Debe definirse en función de resultados, estableciendo en forma concreta el tiempo de ocurrencia y la forma de medición.
3. Factibilidad. Su posibilidad de logro debe ser real y su manifestación debe hacerse en términos positivos.

4. Aceptación. Para lograrse deberá adaptarse al sistema de valores del ejecutivo y ser aceptado por él.
5. Flexibilidad. De tal manera que sea posible su modificación en caso de contingencias.
6. Firmeza. Con el fin de asegurar su fortaleza y evitar la inestabilidad.
7. Motivación. Que significa contar con metas al alcance de las personas, y que vayan un poco más allá de los límites de lo posible.
8. Comprensión. Su significado deberá ser comprendido por todos los involucrados, lo cual debe asegurarse a través de una redacción breve y concisa.
9. Compromiso. Deben representar una obligación de hacer todo lo necesario y posible para lograrlas.
10. Participación. En su definición deben participar él o los responsables de su logro.
11. Consistencia. Debe existir consistencia entre las metas de toda la organización.
12. Límite. Su número debe ser tal que sea una ayuda para obtenerlas y evite dispersión del esfuerzo.
13. Dirección. Deben destinarse para lograr un solo resultado final, lo cual evita la sola determinación de intenciones.

De esta manera las metas deben ser: medibles, específicas, trazables, ambiciosas, sensatas y por consiguiente alcanzables.

Las metas deben relacionarse con las Áreas clave de Resultados de cada proceso organizacional; tal y como se muestra a continuación.

*P.S. Procesos Sociales
Ambiente de trabajo.
Relaciones laborales.
Desarrollo directivo.
Responsabilidades sociales.

*P.E. Procesos Estratégicos
Volumen de ventas.

Participación/posición en el mercado.
Niveles de utilidad.
Productividad de inversiones.
Niveles de empleo.
Recursos humanos.
Recursos financieros.

*P.A. Procesos Administrativos
Eficiencia de recursos.
Niveles de desempeño.

*P.T. Procesos Tecnológicos
Desarrollo de nuevas líneas/ innovación
Desarrollo del producto.
Utilización de capacidad instalada
Ampliaciones

Existen diferentes maneras de elaborar las metas generales, a continuación se presentan las más importantes.

a. Descendiente, en donde la determinación de las metas se lleva a cabo en el más alto nivel.

b. Ascendente, en éste la alta dirección pide que se presenten las metas y después son revisadas, modificadas y autorizada.

c. Combinado, en donde el nivel más alto da directrices para definir las metas y deja que los subordinados trabajen en su formulación para después aprobar, modificar o vetar su implantación.

d. Planeación en equipo, este enfoque tiene como base la participación del personal involucrado en lograr los resultados planteados. La aprobación del jefe inmediato será considerando lo determinado por el grupo directivo.

Los métodos utilizados para definir metas son: (Fred, 1998).

1. Basado en el desempeño pasado.

2. Tendencias adaptadas a fuerzas futuras.
3. Tendencia de la industria y participación en el mercado.
4. Calcular los recursos disponibles y determinar su utilización deseable.
5. Negociación de metas.
6. Definidas por la alta dirección.
7. Precisión del proceso de planeación.
8. Identificación de metas por los resultados del análisis de las oportunidades, amenazas, fuerzas y debilidades de la organización.
9. Por derivación de estrategias previamente definidas.
10. Medios analíticos para la formulación de objetivos.

Ahora bien, para que una meta sea válida deberá tener los siguientes componentes:

A. **El Fin o atributo deseado.**
   Ejemplo: Obtener participación en el mercado de la línea 1.
B. **El índice para medir el avance hacia el fin o atributo deseado.**
   Ejemplo: porcentaje.
C. **El resultado específico buscado.**
   Ejemplo: 35 %
D. **Tiempo o plazo.**
   Ejemplo: periodo actual.

A continuación .se presentan algunos ejemplos (*cuadro 4.1*). Cabe señalar que de estas metas generales habrán de derivarse los objetivos de área, de tal forma que den pautas para definir acciones más concretas (*cuadro 4.2*).

Proceso para definir metas.

1. Identificar las áreas de resultados clave más importantes para la organización. (A.R.C.).
2. Determinar el horizonte de las metas; se recomienda 5 años como máximo, siendo mejor un tiempo a 3 años.

3. Definir las metas generales a tres años considerando los componentes descritos.

   En caso de aparecer metas que no pueden ser específicas en los resultados a lograr, por ser más cualitativos que cuantitativos, se sugiere también considerarlos y definirlos; tratando de dar pautas para ser más específicos cuando de ellos se desprendan objetivos generales o particulares para cada área.

Ejemplos:

* Involucrarnos en un programa de calidad total para dar y ofrecer productos y servicios de calidad.
* Desarrollar área de aseguramiento de calidad.
* Desarrollar manual de Sistemas y Procedimientos a nivel compañía.
* Implementar un sistema de logística para medir el incremento en la productividad, calidad y reducción de costos.

4. Derive en forma individual o por área las metas por año que pueden ayudar a lograr las principales
5. Presentar las metas y verificar si todas pueden lograrse, tanto en forma individual como simultánea. De ser posible dramatice la situación.
6. Defina prioridades o jerarquización de metas (considere 1 como más importante y así sucesivamente).
7. Verificar si las metas son compatibles con la situación actual de la empresa en cuanto a misión, filosofía y oportunidades, amenazas, fortalezas y debilidades.
8. Una vez verificadas, definirlas de manera formal.

La derivación de objetivos para cada área serán tratados en cursos posteriores.

Algunos ejemplos de metas generales a tres años son las siguientes:

* Lanzar al mercado, para dentro de tres años, la línea alfa con productos rediseñados.
* Reducir costo de ventas en un 42% durante los próximos tres años.
* Ampliar, para los próximos tres años, la línea A en 30%, la línea B en 150% y la línea e en 200%.

Ejemplos de metas a un año:

* Incrementar ventas en unidades en un 30% anual, respecto a los volúmenes obtenidos durante el año anterior.
* Aumentarla productividad laboral en un 25%, durante este año, respecto a los índices del año anterior.
* Incrementar en un 10% la participación de la empresa en el mercado, en el presente año.

Elaborar anexo 4.2

Cuadro 4.1

Integración de Metas					
PROCESOS	**A.R.C.**	**FIN**	**INDICE**		**TIEMPO**
SOCIALES	CONTRIBUCION A LA SOCIEDAD	PAGAR	IMPUESTOS (PESOS)	40% UTILIDAD BRUTA	AÑO FISCAL
ESTRATEGICOS	NIVELES DE UTILIDAD	INCRE-MENTAR	DIVIDENDOS POR ACCION (PESOS)	$ 1500 /ACCION	1 AÑO
ESTRATEGICOS	RECURSOS HUMANOS	INCRE-MENTAR	SUELDO A EMPLEADOS	20% SOBRE PROMEDIO DEL MERCADO	4 MESES
ADMINISTRATIVOS	EFICIENCIA DE RECURSOS	REDUCIR	NUMERO DE RECLAMA-CIONES	EN UN 20%	6 MESES
TECNOLOGICOS	UTILIZACION DE RECURSOS	REDUCIR DESPERDICIO	DE MATERIALES (PESOS)	DEL 13%	DURANTE EL AÑO EN CURSO

Cuadro 4.2

Derivación de Metas		
META GENERAL	**OBJETIVO PARA**	**PROGRAMAS A DESARROLLAR**
LOGRAR UN RENDIMIENTO SOBRE LA INVERSIÓN DEL 15% PARA EL PERIODO ACTUAL	**VENTAS** * AUMENTAR A 12,000 M.N. DURANTE EL PRESENTE AÑO **FINANZAS** * AUMENTAR UTILIDAD BRUTA A 3,200 M.N. DURANTE EL PERIODO	* DESARROLLO DE NUEVOS PRODUCTOS * PENETRACION DE NUEVOS MERCADOS * GASTOS DE PUBLICIDAD * REDUCCION DE COSTOS * VENDER EQUIPO OBSOLETO * OBTENER DESCUENTOS POR PRONTO PAGO

Anexo 4.1

Políticas Generales

INSTRUCCIONES: Considerando el proceso descrito en el texto 4.1 especifique su propuesta sobre políticas generales.

Anexo 4.2

Metas de la Organización

INSTRUCCIONES: Considerando el proceso descrito en el texto IV.8 especifique las metas propuestas para la organización y su área.

PROCESOS	A.R.C.	FIN	INDICE	RESULTADO	TIEMPO

MÓDULO V

Estrategias Competitivas

OBJETIVOS:

Al finalizar este módulo, el capacitando:

5.1 Determinará el significado de estrategia.

5.2 Presentará la técnica: análisis del portafolio de producto.

5.3 Diseñará el cuadro de portafolio de productos de la empresa.

5.4 Identificará las clases de opciones estratégicas existentes.

5.5 Elaborará la estrategia corporativa de la empresa.

V

ESTRATEGIAS COMPETITIVAS

5.1 ASPECTOS GENERALES

La estrategia aparece para hacer frente a la competencia y obtener ventajas ante ella. Asimismo, proporcionar, dirección a la empresa, haciendo coincidir sus propósitos con su medio ambiente.

De esta manera la definición de estrategia que manejaremos es: *Conjunto de acciones orientadas a equilibrar las fuerzas y debilidades internas ante las amenazas y oportunidades del entorno.*

Las características más importantes de las estrategias son:

* Contribuyen a que la organización se acerque a donde quiere llegar, pero por sí mismas no aseguran el logro.
* Cuanto más cuidadosamente se desarrollen y entiendan, más firme será la estructura de los planes.
* Para ser efectivas requieren de planes operacionales adecuados; ya que una buena estrategia puede fracasar a causa de una deficiente ejecución.
* Su influencia es amplia y afecta a todas las funciones y actividades de la organización.
* Implica la asignación y concentración de recursos.
* No es única ya que pueden existir diferentes formas de alcanzar el mismo fin, aun en la misma industria.

*   Para que sea efectiva debe ser parte integral del proceso de planeación, no debe considerarse como una acción, aislada e injertada en la organización.

*   Se relacionan con las políticas, pero una estrategia no es una política.

Lo que no es una Estrategia.

Las estrategias implican que una empresa ha tomado la decisión de comprometer los recursos en una dirección determinada. Las políticas guiarán el pensamiento en la toma de decisiones.

Ejemplos:

Estrategia: Desarrollo y comercialización de nuevos productos.

Políticas:

- Desarrollar nuevos productos que se ubiquen en la estructura del mercado de la compañía o
- Desarrollar nuevos productos a través de su distribución por minoristas.

Estrategia: Crecimiento en los mercados ocupados.

Políticas:

- Crecimiento por adquisición de otras compañías.
- Crecimiento por expansión de los mercados y productos actuales.

Se relacionan con los objetivos, pero una estrategia no es un objetivo, ya que persiguen el alcance de ellas.

Ejemplo:

Objetivo: Obtener un 30% de crecimiento físico durante este año.

Estrategia: Conservar nuestra posición actual, reteniendo nuestro porcentaje de participación en el mercado.

Existen diversas técnicas para definir estrategias, sin embargo tan sólo manejamos dos enfoques: Análisis del portafolio de productos y Opciones estratégicas, en donde la inversión o asignación de recursos es factor clave para manejarlos.

5.2 ANÁLISIS DE PORTAFOLIO

Es una técnica enfocada a segmentar los distintos tipos de negocios de una empresa y analizar las posibilidades de inversión; lo que da una base para clasificar todos los productos que fabrica la empresa en función de su posición actual y de sus perspectivas de rentabilidad futura.

"Las divisiones autónomas (o centros de utilidades) de una organización comprenden lo que se denomina portafolio empresarial" (Ackoff, 1986) el cual es la base de análisis de esta técnica.

Cuando esas divisiones compiten en industrias diferentes, se hace necesario desarrollar estrategias específicas para cada negocio.

Este enfoque es una excelente herramienta para "clasificar y dar prioridades a distintos tipos de productos cuyos proyectos de inversión varían de acuerdo a su naturaleza, su madurez en el mercado y principalmente sus requerimientos de flujo de efectivo". (Ackoff, 1983).

Su derivación se encuentra en la relación producto-mercado, lo cual constituye su sector estratégico; a su vez el conjunto de sectores estratégicos con características comunes y que requieren estrategias similares se denomina segmento estratégico.

En ocasiones la relación producto mercado (un producto vendido en un mercado) no puede indicar la de un sector estratégico por lo cual se hace necesario involucrar otro aspecto: la función.

Por ejemplo:

a. Industria: Alimenticia.

Productos: Naturales, enlatados, congelados, etc.

Mercados: Supermercados, tiendas, centrales de abasto.

b. Industria: Automatización de oficinas.

Productos: Conmutadores, telex, procesadores de palabra, computadoras, etc.

Mercados: Grandes empresas; pequeñas y medianas empresas públicas.

Funciones: Transmisión, impresión, almacenamiento, procesamiento, etc.

De esta manera el sector estratégico se convierte en la base de la estrategia.

Un conjunto de sectores estratégicos integrará un segmento estratégico, en donde la homogeneidad en el producto, el mercado, la función o la tecnología, el consumidor, los componentes, la competencia, la producción y la forma de comercialización es preponderante.

Una de las formas de integrar estos aspectos es a través de las matrices de análisis de producto, para lo cual es necesario que se respondan las siguientes preguntas:

a)   ¿Permanecemos donde estamos o no?

b)   Si nos movemos, ¿hacia dónde debemos hacerlo?

c) Si nos quedamos, ¿será lo adecuado?

Estas matrices son útiles para:

* Resumir en forma gráfica y sencilla alternativas de acción.
* Integrar los problemas del sector estratégico a los problemas de la empresa.
* Simular el impacto de las estrategias.
* Comunicar los efectos de una estrategia.
* Utilizar su contenido como herramienta de análisis.

Existen tres tipos de matrices: de desarrollo, de portafolio y de escenarios competitivos. El primer tipo se refiere a las matrices que sirven para definir la evolución de una empresa o sector industrial, considerando productos, clientes, mercados, ventajas competitivas y oportunidades, entre otras. Ejemplo de estas son las matrices de General Electric, Shell y Arthur D. Little.

Las matrices de portafolio se refieren a las que describen el portafolio de una empresa y su segmento estratégico. En ellas se puede ubicar también la posición de los más importantes de los competidores, y representan las características de crecimiento y rentabilidad.

Ejemplos de ellas son: Matriz BCG y las matrices financieras.

Las matrices de escenarios competitivos son las que permiten conocer cuál sería el efecto de las estrategias de un competidor importante en la industria. Ejemplos son el mosaico competitivo y posicionamiento estratégico, cuya base es el mapa del campo de batalla.

El análisis detallado de los distintos modelos para el diseño de estrategias competitivas rebasa los alcances de este manual, por eso ofrecemos aquello que estimamos es lo más importante.

A. Matriz BCG

Esta matriz ubica a las diferentes divisiones de una empresa en una matriz de cuatro casillas, siendo la posición de participación en el mercado y la tasa de crecimiento de ventas en la industria, los factores que alimentan esta matriz.

"Esta matriz permite a una organización multi-divisional manejar su 'portafolio empresarial', mediante el examen de la posición relativa en cuanto a participación en el mercado, así como la tasa de crecimiento industrial de cada división en relación con todas las demás divisiones". (Aguirre, 1993).

La empresa puede clasificarse considerando dos ejes: participación en el mercado, en el cual se ubican las ventas de la empresa en cada sector en relación a las ventas de los competidores y crecimiento de la demanda, en donde se indica el potencial de crecimiento del producto, alto o bajo.

Estos ejes forman cuadrantes que representan las posibilidades a corto plazo del crecimiento de la empresa y sus productos.

Ver cuadro 5.1

Considerando las casillas de esta matriz, la ubicación en ellas de las divisiones analizadas muestra que se trata de:

a) Productos "estrella", este sector es el de alto crecimiento y su ubicación indica que la empresa posee alta participación en el mercado. Estos productos contribuyen al crecimiento de la empresa y se autofinancian.

La integración hacia adelante, hacia atrás, horizontal, la penetración en el mercado, el desarrollo de mercados y de productos son estrategias que pueden aplicarse en los productos o divisiones de este cuadrante.

b) Productos "vacas lecheras", contribuyen al logro de utilidades, pero tienen bajo nivel de demanda, las inversiones que requieren son mínimas y su nivel de contribución alto.

En ocasiones estos productos fueron en el pasado "estrella", y en el futuro pueden convertirse en "perro". Las estrategias sugeridas para esta categoría son la diversificación y el desarrollo de producto; asimismo, cuando empiezan a perder posición es aconsejable la reducción de esta línea.

c) Productos "perro", no son muy rentables, tienen costos altos. En condiciones inflacionarias no generan ingresos suficientes para mantener su posición, ya debilitada. Se ubican en mercados con crecimiento lento y nulo. En esta posición, las estrategias a utilizar son: reducción, liquidación o eliminación.

d) Productos "interrogantes", esta es la peor posición ya que requieren altas inversiones debido a su nivel de crecimiento y a su baja participación en el mercado, aunque participan en industrias de alto crecimiento. Las estrategias a aplicar van desde penetración del mercado, desarrollo de mercado o producto invirtiendo en su crecimiento para convertirlos en estrella o eliminarlos.

Esta matriz, "llama la atención hacia el flujo de efectivo, hacia las características de inversión y hacia las de las diferentes divisiones de una organización". (Bianchi, 1995).

Según esta técnica, "un portafolios balanceado consistiría en tener pocas estrellas a punto de convertirse en vacas para financiar los negocios de interrogantes. Aunque esta técnica matricial permite una rápida evolución de las carteras de negocios de una corporación, la matriz ha sido criticada por su poca efectividad para decidir de qué negocios hay que prescindir. Se acusa a esta técnica de causar, unilateral mente, la venta de varios negocios que, de haber sido manejados con criterios efectivos más agresivos de eficiencia, competitividad, rentabilidad y administración de efectivo, hubieran podido lograr resultados favorables." (Fred, 1998).

Por lo que es preciso no considerarla como herramienta única de planeación sino como parte de un sistema de técnicas que ayudan a ser visibles las estrategias corporativas.

La forma de armar la matriz es la siguiente:

1. Identificar las divisiones de la empresa.
2. Cuantificar los ingresos de cada división.
3. Especificar las utilidades que generan.
4. Calcular las contribuciones de cada división al total de ingresos y utilidades.
5. Determinar el % de participación en el mercado de cada división.
6. Especificar la tasa de crecimiento de ventas en la industria.

Elaborar anexo 5.1

5.3 OPCIONES ESTRATÉGICAS

Consideramos a las opciones estratégicas como la gama de alternativas que tiene la empresa para manejar sus fuerzas impulsoras y definir la estrategia a utilizar en el futuro.

Las dimensiones clave para la formulación de una estrategia son: la asignación de la inversión y la fuerza motivadora o impulsora.

Al hablar de la asignación de la inversión nos referimos a la forma en que se aplicarán los recursos o se asignará la inversión para diseñar una posición competitiva y ventajosa.

La fuerza motivadora o impulsora se refiere al o los elementos, o impulsos que representan ventaja para la organización siendo la base para la asignación de la inversión.

En nuestro caso estamos refiriéndonos a los elementos del Modelo en sus cuatro procesos.

Considerando la asignación de la inversión, el ejecutivo o directivo de empresa, tiene ante sí una variedad de alternativas que le permitirán elegir la que será la estrategia básica de su negocio.

La decisión a la cual se debe enfrentar el ejecutivo tiene dos vertientes: seguir en el negocio que se está o salirse de él. Lo anterior, no debe ser decisión a priori, sino basada en elementos de juicio que han sido valorados y analizados a lo largo de este programa.

Las bases para la elección de la estrategia son: el tipo de crecimiento del mercado y la posición de la empresa en él.

Las opciones que pueden manejarse son:

A. Salirse del negocio o desinvertir

Esta decisión puede incluirla salida de un producto dentro de una línea, el cierre de una empresa o área de la empresa entre otras. Asimismo esta estrategia implica desinvertir, lo cual puede provocar: una reducción lenta de la empresa, acudir a la liquidación o hasta agotar los negocios que tiene la empresa.

Este tipo de estrategias se da cuando la empresa ocupa una posición débil en un mercado con crecimiento lento.

B. Seguir o Quedarse

Al elegir esta opción hay que enfrentarse a cuatro alternativas más:

Mantenerse, cosechar, crecer y diversificar.

Mantener

Implica mantenerse en la posición y mercados que se atienden. Para decidir esta opción es necesario un conocimiento cada vez mayor de los clientes, del mercado, de los competidores; así como de las necesidades, cambios y expectativas de los compradores.

Cosechar

Implica maximizar los beneficios obtenidos de la posición para generar recursos, evitando riesgos.

El propósito es maximizar flujo de efectivo para contar con buenos niveles de liquidez.

Crecer Selectivamente

Implica dedicarse a hacer lo que la empresa sabe atendiendo a mercados relacionados con productos actuales o a mercados actuales con productos relacionados.

(Integración) El propósito es invertir en segmentos atractivos y crecer a través de las fortalezas de la empresa.

Diversificar

Se presenta al reconocer que los mercados actuales y relacionados no representan crecimiento atractivo; lo cual obliga a moverse hacia otros mercados no conocidos.

De esta manera la forma para determinar las estrategias es la siguiente:

1. Liste las ventajas competitivas que tiene la empresa.
2. Indique qué alternativas son más atractivas para asignar la inversión.
3. Ubique la situación en la matriz correspondiente.
4. Para corroborar la situación elegida considere la matriz de evaluación de fortalezas y debilidades, amenazas y oportunidades.

Elaborar anexo 5.2

5.4 JERARQUIZACIÓN DE ESTRATEGIAS

El centro de acción de la estrategia es aprovechar las oportunidades del entorno a través de la identificación y fortalecimiento de las ventajas competitivas.

Asimismo, es muy difícil encontrar empresas que no tengan definida una estrategia de negocios, aun explícitamente, lo cual no significa que sean exitosas o que conduzcan al logro de buenos resultados.

Se dice que "una buena estrategia es equivalente a tener recursos adicionales" (Hofer, 1995) por lo cual al diseñarla es preciso hacerlo cuidadosamente involucrando elementos tanto defensivos como ofensivos que permitan actuar con eficacia frente a los competidores.

El énfasis en la estrategia debe ser la funcionalidad, permitiendo a la empresa el logro de sus objetivos, en una forma razonable. Además una estrategia deberá tener las siguientes características:

*   Basarse en las fortalezas de la empresa.
*   Aprovechar las debilidades de los competidores.
*   Ser difícil de imitar o contra-restar.
*   Tener una duración efectiva de tres años o más.
*   Ser consecuencia de lo que la empresa ha hecho en el pasado.
*   Considerar los intereses de sus sistemas cliente proveedor tanto interno como externo.
*   Ser congruente con la situación presente y proyectada de externo.

Los pasos a seguir para definir y diseñar una estrategia son:

1. Identificar las principales metas de la empresa y jerarquizarlas (esto ya se determinó en el texto correspondiente)

1a. "La relación entre los diferentes niveles de la jerarquía es como de medios a fines. Desarrollemos una jerarquía de objetivos específicos para el propósito de diseñar una estrategia competitiva". (Ibafin, 1985).

2. Especificar los términos que determinan el éxito para la empresa, así como su propósito principal (este ya se definió en la misión de empresa).

2a. "Empezamos con el objetivo final de la empresa, que podríamos describirlo como el éxito de los negocios... incluye dividendos altos, duraderos y precios en constante aumento para los valores de la empresa". (Ibafin, 1985).

3. Enumerar los caminos que tiene la empresa para lograr 1 y 2.

3a. En esta fase se enumeran los medios para que la empresa logre dividendos altos y precios en aumento constante, "esto implica obtener utilidades altas y buscar el crecimiento. En el siguiente nivel indicaríamos los medios. Evidentemente, la empresa necesita tener ingresos altos y costos bajos para conseguir utilidades altas". (Ibafin, 1985).

4. Comparar esos caminos y acciones con las fortalezas y debilidades de la organización y las restricciones que pueden indicar las oportunidades y amenazas del ambiente.

4a, "... enumeraríamos los caminos factibles y atractivos que conducen a ingresos altos y costos bajos. A estas alturas debemos concentrarnos particularmente en los asuntos relacionados con la competencia, incluiríamos el crecimiento de las ventas y una mayor disciplina de mercado como nuestros caminos hacia los ingresos altos. A fin de lograr esos dos casos, debemos conquistar clientes de nuestros rivales e impedir que ellos se lleven clientes nuestros; debemos, además, aprender de nuestros rivales y cooperar con ellos". (Ibafin, 1985).

5. Integrar y combinar acciones que permitan contar con caminos factibles y consistentes.

Con este enfoque se está en la posibilidad de definir alternativas en cantidad y calidad suficientes como para esperar que su implementación sea óptima.

Asimismo, este proceso puede generar estrategias defensivas, enfocadas a preservar lo que actualmente se posee y ofensivas, enfocadas a quitar o arrebatar algo que pertenece a otros, en este caso los competidores.

En los cuadros 5.3 y 5.4 se muestran dos ejemplos del proceso determinado así como de las estrategias ofensivas (Kenneth, 1993) y defensivas (Kenneth, 1993).

Elaborar anexos 5.2 y 5.3

Cuadro 5.1

Enfoque BCG

(POSICION COMPETITIVA)

PARTICIPACION EN EL MERCADO

	ALTA	BAJA
A L T O	**ESTRELLAS** CONTRIBUCION A LA UTILIDAD = + CONTRIBUCION AL CRECIMIENTO = +	**INTERROGANTES** CONTRIBUCION A LA UTILIDAD = - CONTRIBUCION AL CRECIMIENTO = +
B A J O	**VACAS LECHERAS** CONTRIBUCION A LA UTILIDAD = + CONTRIBUCION AL CRECIMIENTO = -	**PERRO** CONTRIBUCION A LA UTILIDAD = - CONTRIBUCION AL CRECIMIENTO = -

CRECIMIENTO DE LA DEMANDA

Cuadro 5.2

Jerarquía para desarrollar una Estrategia Agresiva

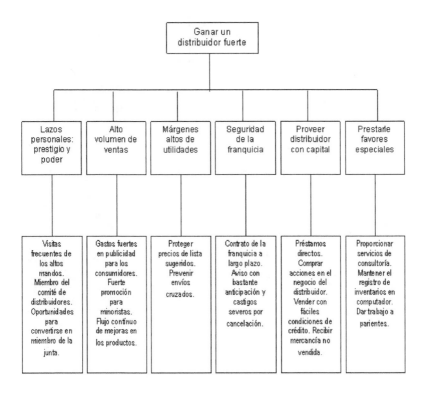

Cuadro 5.3

Jerarquía para desarrollar una Estrategia Defensiva

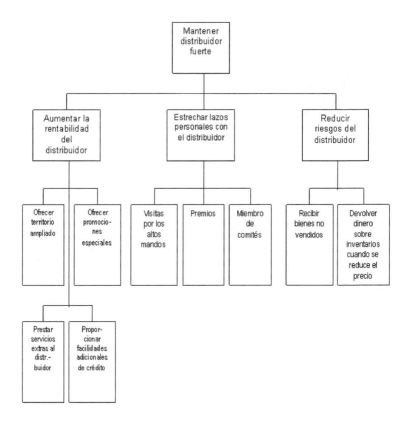

Anexo 5.1

Análisis del Portafolio de la Empresa

INSTRUCCIONES: Elabore la matriz de portafolio de su empresa. Indique primero cuáles son los productos o líneas más importantes y grafique su ubicación en el cuadro anexo. Utilice un solo cuadro para cada línea.

Al finalizar el análisis, determine las posibles acciones a realizar para mejorar su posición.

1. IDENTIFIQUE LINEAS PRODUCTO

2. GRAFIQUE EN LA MATRIZ CADA LINEA DE PRODUCTO
(Utilice el cuadro anexo)

3. ESPECIFIQUE POSIBLES ACCIONES
Línea A

Línea B

Línea C

Línea D

Anexo 5.1
Continuación

Diseñe la ubicación de su Portafolio de Negocios y
determine los posibles movimientos a realizar (utilice
una matriz para cada línea de producto).

Participación en el mercado

	ALTA	BAJA
ALTO		
BAJO		

Crecimiento de la demanda

Anexo 5.2

Opciones Estratégicas

INSTRUCCIONES: Considerando las fuerzas motivadoras, defina las opciones estratégicas para su empresa.

ASIGNACION DE LA INVERSION / FUERZA MOTIVADORA	SALIR DESINVERTIR	MANTENER	COSECHAR	CRECER INVERTIR	DIVERSIFICAR
PROCESOS SOCIALES					
PROCESOS ESTRATEGICOS					
PROCESOS					
PROCESOS TECNOLOGICOS					

Anexo 5.3

Jerarquización de Estrategias

INSTRUCCIONES: Considerando el proceso en el texto 5.4 elabore la propuesta de estrategias para la empresa.

Anexo 5.4

Determinación de Estrategias

INSTRUCCIONES: Determine las estrategias para la empresa a utilizar en el futuro. Analice y discuta las estrategias sugeridas y determine su congruencia con la misión definida, así como con las fortalezas, debilidades y oportunidades, amenazas y factores clave del éxito.

MÓDULO VI

Estructura, Programas y Presupuestos

OBJETIVOS:

Al finalizar este módulo, el capacitando:

6.1 Definirá la estructura básica que permitirá lograr las estrategias.

6.2 Definirá los principales programas que apoyarán la obtención de resultados.

6.3 Presupuestos.

VI

ESTRUCTURA, PROGRAMAS Y PRESUPUESTOS

6.1 ESTRUCTURA PARA LOGRAR LA ESTRATEGIA

Según un importante principio de la planeación estratégica que indica "la estructura sigue a la estrategia" es preciso que la organización o estructura de la empresa esté acorde con esa estrategia.

Existen varios aspectos a considerar para decidir el cambio o mantenimiento de una estructura: la forma como se determinan las políticas y metas y la manera en que se asignan los recursos.

Sin embargo, la tendencia en este aspecto es diseñar una estructura que permita el logro de la estrategia de la empresa.

Chandler, un teórico e investigador de la planeación estratégica, identificó "una secuencia particular que se repite con frecuencia a medida que las empresas crecen y cambian su estrategia. (Además, encontró que), no existe una estructura óptima para un tipo dado de organización. Lo que resulta adecuado para una firma es posible que no lo sea para otra, aunque las empresas exitosas en una industria dada tienen la tendencia a organizarse en forma similar". (Ackoff, 1986).

Ver cuadro 6.1

Por ejemplo: empresas de productos de consumo se estructuran por producto; empresas pequeñas en forma centralizada; las empresas medianas tienen tendencia a la descentralización y las grandes operan con estructuras matriciales o por unidades estratégicas de negocios.

Con anterioridad se manifestó que una estrategia debe tener viabilidad; pero si requiere de cambios estructurales importantes, ese solo hecho la hará menos atractiva. De esta manera, la mayor preocupación de este tema se centra en identificar la clase de cambios necesarios y la mejor forma de hacerlos.

Existen siete clases de estructuras que analizaremos con el fin de dar al directivo puntos que le permitan decidir qué cambios hará a la estructura de su empresa; siempre que estos sean necesarios.

A. Organización Funcional o Centralizada

Integración:

Agrupa las actividades, por áreas funcionales: ventas, producción, finanzas, relaciones industriales.

Ver cuadro 6.2

Ventajas:

Facilita la especialización del trabajo, reduce la necesidad de controles externos, promueve la eficiencia y permite una rápida toma de decisiones, su mantenimiento es sencillo y de bajo costo.

Desventajas:

Se reporta a los altos niveles de la organización, reduce las oportunidades de desarrollar una carrera dentro de la empresa; en ocasiones promueve baja moral de los empleados, aparición de conflictos y fallas en la planeación.

Ejemplo: "En julio de 1984, Hewlett Packard, reorganizó su estructura organizativa volviéndola más funcional, con la intención de dar mayor énfasis al mercado. Además creó un nuevo departamento de mercadeo. Hewlett Packard es la mayor y más diversificada productora de instrumentos electrónicos en el mundo; sus ventas y ganancias en 1984 fueron de 6,000 millones y 665 millones de dólares, las más cuantiosas de la historia de la compañía". (Ackoff, 1983).

B. Organización Descentralizada o Divisional

Integración:

Agrupa funciones partiendo de la delegación de autoridad: por área geográfica, producto o servicio, tipo de cliente o proceso.

Ver cuadro 6.3

Ventajas:

Se responsabiliza a cada ejecutivo de los niveles de utilidad y ventas logradas; fácilmente se pueden identificar los malos y buenos resultados: mejora el estado de ánimo de los empleados, proporciona oportunidades de desarrollo, permite aplicar controles a situaciones, promueve la sana competencia y facilita la adición de nuevos negocios.

Desventajas:

Es costosa por la necesidad de contar con especialistas en cada división, la duplicidad de servicios para el mantenimiento de la estructura; la necesidad de tener gerentes bien calificados, y por requerir sistemas complicados de control para aplicar a todas las áreas. Además, en ocasiones requiere que se dé un tratamiento especial a ciertas regiones, clientes y productos, además de la dificultad de mantener coherencia en la práctica de todos los niveles.

Ejemplo: "3M es un ejemplo de empresa radicalmente descentralizada. Dispone de 39 divisiones de ventas y de 50 000 tipos y tamaños de productos. 3M tiene una envidiable historia de crecimiento a largo plazo en el país, dependiendo de pequeños equipos empresariales para el desarrollo de nuevos productos que crean nuevas empresas aparte, a medida que crecen". (Aguirre, 1993).

CLASES:

Por área geográfica; recomendada a empresas que cuentan con instalaciones fabriles, sucursales o distribuidoras similares situadas en zonas lejanas. Además "permite la participación local en la forma de decisiones y mayor coordinación dentro de una región" (Bianchi, 1995). Ejemplo: Cruz Roja, Sears Roebuck, entre otros.

1. Por producto; recomendada a empresas cuyo principal énfasis está en productos o servicios específicos, limitados, diferentes o con enfoque de mercado distintos. Además, "permite control y atención estricta a las líneas de producto, pero sus ventajas pueden verse contrarrestadas por la necesidad de una fuerza gerencial más diestra y por un reducido control de la alta gerencia" (Bianchi, 1995). Ejemplos: General Motors, Dupond, Procter and Gamble, entre otros.

2. Por cliente; es utilizada por empresas que manejan pocos clientes, pero importantes, a quienes se ofrecen servicios diferentes. Además "permite a una organización atender apropiadamente a grupos definidos de clientes." (Bianchi, 1995). Ejemplo: Editoriales y Aerolíneas.

3. Por proceso; es utilizada por empresas que responsabilizan y evalúan a sus divisiones por los ingresos y utilidades obtenidos. Asimismo, puede ser especialmente efectiva… cuando procesos bien determinados de producción representan el empuje de competitividad en una industria. Ejemplo: Una empresa manufacturera de artículos de piel que cuenta con 5 divisiones: Corte, entintado, sellado, costura y armado.

C. Organización por Unidades Estrategias de Negocios

El crecimiento de las empresas descentralizadas generan dificultades para el control y evaluación de los resultados logrados. Por ejemplo, en ocasiones incrementos en ventas no están relacionados con incrementos en rentabilidad. Asimismo, el manejo de una organización con demasiadas divisiones representa un problema para los altos directivos, por la cantidad abrumadora de datos, planes, resultados y situaciones que tienen que manejar. En ese caso una estructura de unidades estratégicas de negocios puede ayudar.

Ver cuadro 6.4

Integración:

"Agrupa divisiones similares en unidades empresariales estratégicas delegando la autoridad y la responsabilidad en cada unidad a un ejecutivo, quien se reporta ante el funcionario ejecutivo." (Fred, 1998).

Ventajas:

Facilita la ejecución de las estrategias, mejora la coordinación entre divisiones, aclara la responsabilidad de cada unidad y permite, homogeneizar su estructura: misma industria, misma región o mismos clientes.

Desventajas:

Requiere de integrar un grupo gerencial adicional que repercute en el incremento de costos.

Ejemplo:

La empresa AMF, fabricante de equipos deportivos, ha diseñado una estructura que permite agrupar productos y servicios similares en unidades estratégicas de negocios. (Grupo productos eléctricos, grupo de energía y equipos automáticos, grupo de servicios petroleros, grupo de servicios especiales, grupo de productos para bolos y grupo de productos deportivos).

Además de contar con áreas específicas que facilitan el trabajo de las UEN (Administración, Finanzas y tesorería y Desarrollo empresarial).

D. Estructura Matricial

Integración:

Estructura compleja por los flujos y líneas de comunicación y autoridad tanto verticales como horizontales. Asimismo, "incluyen líneas duales de autoridad presupuestal (una violación del principio de la unidad de mando), fuentes duales de recompensa y castigo, autoridad compartida, canales duales de informes y la necesidad de un sistema extenso y efectivo de comunicación. Para la ejecución exitosa,... se debe poner atención a... la planificación participativa, el adiestramiento, la comprensión clara de papeles y responsabilidades (y), una excelente comunicación interna y confianza mutua". (Hofer, 1995).

Ejemplo:

Hospitales, empresas constructoras y de consultoría, universidades y grandes conglomerados: Shell, Texas Instruments y General Electric, entre otras.

Ver cuadro 6.5

Partiendo del hecho de que existen una gran cantidad de fuerzas que afectan a la empresa, ésta no puede variar su estructura al menor cambio de una de sus fuerzas.

Asimismo, si una empresa "cambia su estrategia en respuesta a una o más de estas fuerzas, ello puede producir inefectividad en la estructura existente. Los síntomas típicos de (esa influencia) pueden ser: demasiados niveles gerenciales, demasiadas reuniones con exceso de asistentes, exagerada atención dirigida hacia la resolución de conflictos interdepartamentales, alcance excesivo de la gerencia, así como el no logro de muchos objetivos. Los cambios de estructura pueden facilitar la ejecución de estrategias, pero no se puede esperar que dichos cambios hagan que una estrategia mala se vuelva buena, que los malos gerentes mejoren ni que los productos deficientes se vendan". (Ibafin, 1985).

Asimismo, si es imperioso cambiar la estructura recuerde que ese proyecto deberá ampararse con un plan y programa bien definido, ya que si se trata de reorganizar la empresa y este proceso no está soportado formalmente corre el riesgo de ser un fracaso.

Los aspectos a considerar para lograr una estructura eficiente son:

1. Determinación específicas de tareas y actividades,
2. Revisión, actualización o redefinición de mecanismos de coordinación y
3. Sistemas de información que ayudan a conocer lo que sucede y actuar en consecuencia.

Ahora bien, si la estructura de su empresa puede conducir al logro de la estrategia, recomendamos mantenerla.

Elaborar anexo 6.1

6.2   PROGRAMAS GENERALES

Los programas son acciones específicas definidas para hacer realidad la estrategia, y determinar el qué realizar en el tiempo de vigencia de esa estrategia.

"La conversión de planes estratégicos en decisiones actuales se lleva a cabo en dos pasos: el primero consiste en la preparación de planes funcionales a mediano plazo y el segundo en el desarrollo de presupuestos y planes tácticos con base en los planes funcionales". (Kenneth, 1993).

Nuestro énfasis se centrará en los primeros, ya que tácticos o departamentales son objeto de otros eventos.

Al elaborar los programas se especificará la forma en que deben distribuirse los recursos para implantar las estrategias.

La asignación de recursos deberá realizarse considerando las metas y estrategias propuestas, ya que esos factores son los que fijan las prioridades para la empresa.

Por ejemplo, si la empresa indica:

Obtener ventas en la zona norte por un 40% adicional a las ventas totales del periodo pasado, la asignación de recursos deberá ser congruente con la magnitud de los aumentos a lograr.

Existen cuatro tipos de recursos existentes en toda empresa:

a. Financieros, compuestos por activos, líquidos, pasivos y capital (efectivo o caja, cuentas por cobrar, valores, acciones, ganancias, utilidades y capital de trabajo).

b. Físicos, comprende instalaciones, equipos, terrenos, materias primas, maquinaria, inventarios.

c. Humanos, compuestos por todo el personal que requiere la organización: gerentes, directivos, jefes, supervisores, personal, administrativo y operativo.

d. Tecnológicos, integrado por el know how, conocimientos, destrezas, habilidades, métodos, procesos, sistemas que permiten a la empresa hacer las cosas en cada una de las áreas funcionales que la integran.

Se debe partir de la identificación de los recursos con que cuenta cada empresa y cada área para después indicar qué recursos adicionales se necesitan para lograr las estrategias y metas propuestas.

En este punto es preciso recordar que una de las funciones de todo gerente o ejecutivo es la adecuada distribución o asignación de los recursos a su cargo.

Un enfoque útil para asignar recursos es el siguiente:

1. Realizar un inventario de todos los recursos de la empresa. "Se deben incluir rubros diferentes a los del balance general, además de efectivo, plantas, equipo e inventario, la lista debe incluir personal, proveedores, organizaciones de mercadeo, clientes, nombres comerciales, tecnología, destrezas gerenciales, suministros de materia prima, etc." (Kenneth, 1977).

2. Elaborar un inventario de recursos para cada área funcional y departamento.

A estas alturas el ejecutivo sabrá con qué cuenta para lograr las metas y es además un buen momento para definir cómo usará esos recursos.

Elaborar anexo 6.2 parte A y B

Se recomienda elaborar en estos momentos los programas o acciones generales que es necesario realizar como apoyo a la obtención de metas y estrategias. En el *cuadro 4.1* le mostramos ejemplos de cómo una meta puede desglosarse para identificar los principales programas a desarrollar.

Algunos de los programas a identificar son:

* De Ventas.
* De Producción.
* De Recursos Humanos.
* De Inversiones.
* De Adquisiciones.
* De Investigación y Desarrollo.
* De Mercadotecnia.
* De Capacitación, entre otros.

Al elaborarlos deberán considerarse los siguientes aspectos:

a. Los programas deberán ser lo más sencillo y conciso posible, ya que su especificidad se hará más ampliamente al ser convertidos en planes tácticos o departamentales.

b. No es aconsejable intentar una coordinación completa de todas las funciones.

c. Los directivos deberán definir sus programas considerando su área de autoridad.

d. Deberán cubrir solamente los aspectos de gran prioridad.

Algunos ejemplos de programas se muestran en el *cuadro 6.6.*

Una vez hecho lo anterior se estará en la posibilidad de seguir con el proceso de asignación de recursos.

i. Solicitar recursos adicionales para cada área, considerando los programas generales y su coherencia con las metas aprobadas. El proceso para solicitar recursos, así como su justificación deberá ser el utilizado para cada empresa en particular.

ii. Una vez autorizados esos recursos, se deberá asignar a cada área un responsable para manejarlos, especificando la forma de controlar y reportar sus usos y avances en los programas respectivos.

iii. Trabajar en el desarrollo del formato de Anexo 6.3 propuesto para tal fin.

Elaborar Anexo 6.3

6.3 PRESUPUESTOS

Al inicio manifestamos que la planeación de los negocios se desarrolla alrededor de la incertidumbre y en base a eventos, hasta cierto punto inciertos.

Sin embargo, apelando a los descubrimientos y teorías de la planeación estratégica de negocios hemos trabajado para diseñar la clase de empresa que se desea.

Acorde con lo anterior, en estos momentos debemos concretizar los aspectos cualitativos en cuantitativos. Es decir, debemos traducir los planes y resultados esperados en términos numéricos, en presupuestos.

Los presupuestos "establecen normas para la acción coordinada y son la base para controlar la productividad y así ver que vaya de acuerdo con los planes. En estas descripciones se encuentran implícitas tres funciones sobrepuestas: planeación, coordinación y control". (Koontz y O´Donnell, 1999).

Al presupuestar es necesario enfrentar ciertos problemas que debe considerar la dirección a través de enfoques efectivos y el desarrollo de una cultura positiva y profesional hacia el proceso de elaboración y cumplimiento de los propuestos. Estos problemas se muestran en las siguientes situaciones:

1. "Los estimados de ventas presupuestados se subestiman para protegernos. Ciertamente no se pueden criticar excesos en el presupuesto de ventas".
2. "Sobrestimando los gastos para que obtengamos bastante dinero. Gastar menos que el presupuesto impresiona favorablemente a la administración."
3. "Solicitando más efectivo que el necesario para no tener que pedir más. Si devolvemos algo se verá bien". (Menke, 1981).

Los tipos de presupuesto que debe manejar la empresa para integrarlos a su plan estratégico son:

* Estado de resultados proyectado.
* Presupuesto de ventas.
* Presupuesto de producción.

*   Presupuesto de desembolso de capital
*   Presupuesto de personal.
*   Indicadores

En los *cuadros 6.7 y 6.8* se presentan ejemplos de estos presupuestos.

Cabe mencionar que los métodos utilizados para presupuestar de la empresa deben concordar con los sistemas internos con los supuestos que se hayan definido y con las metas y estrategias de la organización.

Elaborar Anexo 6.4

Cuadro 6.1

**Relación entre
Estrategia y Estructura**

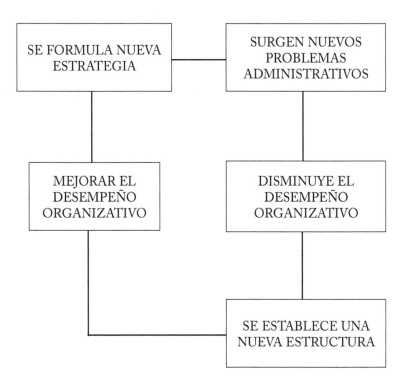

FUENTE: David, Fred R. "La Gerencia Estratégica", pag. 233

Cuadro 6.2

Estructura Funcional Centralizada

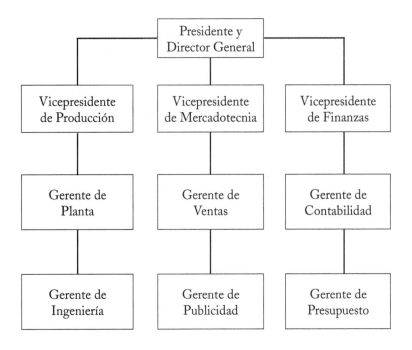

Cuadro 6.3.a.

Estructura Descentralizada

A- **por Área Geográfica**

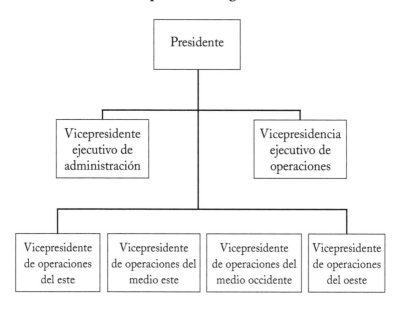

Estructura Descentralizada

B- **por Producto o Servicio**

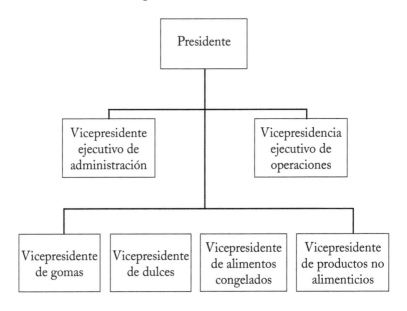

Cuadro 6.3.c.

Estructura Descentralizada

C- **por Cliente**

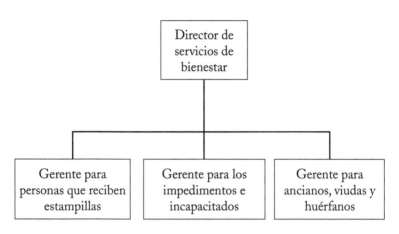

Cuadro 6.3.d.

Estructura Descentralizada

D- **por Proceso**

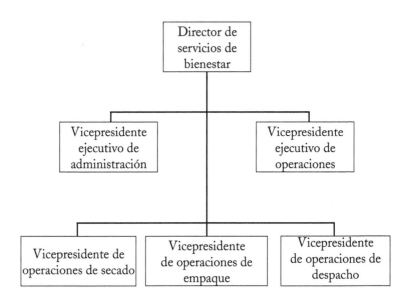

Cuadro 6.4

**Estructura por Unidades
Estratégicas de Negocios**

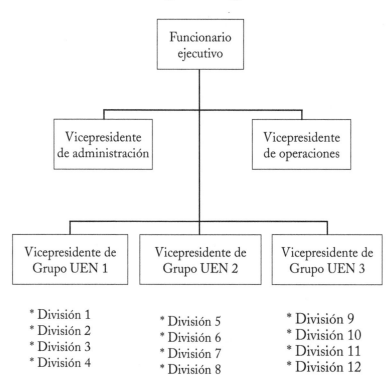

Cuadro 6.5

Estructura Matricial

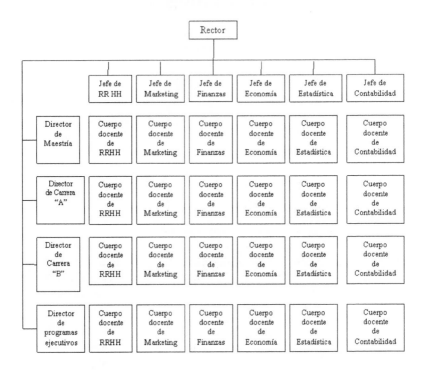

Cuadro 6.6

Programas Generales,
ejemplos

NOMBRE/DESCRIPCION DE ACCIONES GENERALES	REALIZACION	
Para una empresa alimenticia	*Inicio*	*Termino*
Investigación y Desarrollo		
* Investigar aplicaciones.	01-2012	06-2013
* Estudios de factibilidad de capacidad.	01-2012	03-2013
* Desarrollar formulaciones.	07-2012	07-2013
* Realizar pruebas tecnológicas.	08-2012	10-2013
Calidad Productividad		
* Medición de productividad y calidad.	01-2012	Permanente
* Evaluar los resultados económicos de la organización.	03-2012	Permanente
Recursos Humanos		
* Diseñar descripciones de puestos.	03-2012	06-2013
* Realizar evaluaciones del desempeño.	06-2012	Semestral
* Integrar el área de Recursos Humanos.	01-2012	10-2013
Para una empresa metalmecánica		
Mercadotecnia		
* Desarrollo de distribuidores.	01-2012	02-2013
* Actualizar zonas de venta.	01-2012	04-2013
Capacitación		
* Implementar un programa de calidad total.	04-2012	10-2013
* Dar capacitación técnica a personal de producción.	02-2012	Trimestral

Cuadro 6.7

Presupuesto de Personal				
		Año		
Clasificación de personal	**2010**	**2011**	**2012**	**2013**
Gerencia de manufactura				
Personal administrativo				
Gerente de manufactura	1/	1/	1/	1/
Asistente en la gerencia		1/	1/	1/
Jefe de planeación de la producción.	1/	1/	1/	1/
Analista de producción.			1/	1/
Supervisión de turno	2/	3/	3/	3/
Personal obrero				
Operador A	10/	13/	15/	13/
Operador B	10/	14/	14/	14/
Ayudante general	13/	12/	12/	12/
Clave = P/A				
P = Planeado				
A = Actual				

Cuadro 6.8

Indicadores de Resultados		
	Mínimo	**Máximo**
1. Prueba ácido =(AC-I)/PC	0.38	0.50
2. Liquidez = AC/PC	0.90	1.05
3. Inventario a capital de trabajo = I/(AC-PC)	-5.2	-2.0
4. Endeudamiento = AT/PT	2.0	2.43
5. Días cartera	25	30
6. Días inventario	120	150
7. Utilización de capital de trabajo = U anual/AT	0.25	0.30
8. % de ut. A gtos. de operación bruta = G de Op/UB	0.35	0.45

Anexo 6.1

Estructura Orgánica

INSTRUCCIONES: Diseñe la estructura orgánica que su empresa requiere para lograr la estrategia. Considere las pautas mencionadas en el texto 6.1.

Anexo 6.2.a.

Asignación de Recursos

A. INVENTARIO DE RECURSOS

Realice el inventario de recursos a su cargo:

Área: _____

RECURSOS FINANCIEROS

RECURSOS FISICOS

RECURSOS HUMANOS

RECURSOS TECNOLOGICOS

B. RECURSOS ADICIONALES

Especifique los recursos adicionales que le permitirán lograr las metas y estrategias propuestas.

Área: _____

RECURSOS FINANCIEROS

RECURSOS FISICOS

RECURSOS HUMANOS

RECURSOS TECNOLOGICOS

Anexo 6.3

Programas Generales

INSTRUCCIONES: Especifique Los programas generales que debe llevar a cabo para hacer realidad las metas y estrategias de la empresa.

NOMBRE	DESCRIPCION DE ACCIONES GENERALES	REALIZACION	
		INICIO	TERMINO

Anexo 6.4

Presupuestos

INSTRUCCIONES: Elabore los presupuestos de: Estado de Resultados proyectados, ventas, producción, desembolso de capital, personal e indicadores proyectados.

MÓDULO VII

Integración del Plan Estratégico

OBJETIVOS:

Al finalizar este módulo, el capacitando:

7.1 Realizará el análisis de consistencia del Plan Estratégico.

7.2 Llevará a cabo la integración del Plan Estratégico.

7.3 Indicará la manera de controlar y verificar el avance del Plan Estratégico.

VII

INTEGRACIÓN DEL PLAN ESTRATÉGICO

7.1 ANÁLISIS DE CONSISTENCIA

El análisis de consistencia es una prueba que debe realizar el ejecutivo para corroborar, afianzar y asegurar las decisiones estratégicas, además puede contestar la pregunta: ¿estoy realmente haciendo lo correcto?

Al llevar a cabo ese análisis, con preguntas bien estructuradas "considerándolas en el momento preciso y dándoles la importancia adecuada pueden evitar una decisión desastrosa o asegurar una decisión con alta probabilidad de ser correcta". (Ackoff, 1986).

Este análisis se recomienda hacerlo antes de realizar la integración final del plan estratégico, con el fin de incluir las modificaciones al proceso, en caso de que se detecten debilidades en cada una de las partes que lo integran o en la información que lo soporta.

A continuación se muestran algunos ejemplos de las preguntas que deberán hacerse para validar la consistencia del plan. La lista completa se incluye en el *anexo 7.1.*

¿La estrategia es consistente con las instalaciones y equipos actuales?

¿Si se aplica capital a esta estrategia, otros proyectos quedarían sin recursos?

¿Se comunican las metas a todos los que necesitan estar informados?

La forma de responderlas es sencilla, aparecen solamente dos opciones, si y no. Recomendamos que si muestra inseguridad en la respuesta, repase el proceso de elaboración en la parte que se está validando.

Elaborar Anexo 7.1

7.2 INTEGRACIÓN DEL PLAN ESTRATÉGICO

El Plan estratégico es el producto de la acción de planeación en la empresa y el resultado de la evaluación de sus capacidades, y debilidades; oportunidades; amenazas en el entorno.

"Este plan identifica y respalda las prioridades de la organización respecto a la asignación de recursos e integra las metas, políticas y acciones principales en un todo coherente". (Ackoff, 1983).

Al plan lo integran 5 capítulos, tres de los cuales son la base de la especificación de las estrategias: Antecedentes, Diagnóstico General y Plan de Negocios. El índice o contenido de este documento se muestra en el *cuadro 7.1.*

A lo largo de los textos expuestos se han definido las técnicas y procesos encaminados a diseñar cada una de las partes del plan estratégico.

Lo esencial es integrarlas en un todo consistente, congruente, viable y manejable.

Para verificar la consistencia del plan estratégico, una vez puesto en marcha, en el *cuadro 7.3* se presenta un análisis para realizarlo.

Para finalizar, "planificar debe ser sinónimo de acción, su meta es la dirección estratégica. El medio es el plan estratégico. El estímulo para planificar es el cambio. El cambio es lo único que permanece constante. El adjetivo estratégico denota creatividad, no control". (Aguirre, 1993).

7.3 CONTROL DEL PLAN ESTRATÉGICO

Una vez que se cuenta con el Plan Estratégico hay que llevarlo a la práctica y mantener control sobre su ejecución.

Existen cuatro aspectos de la estrategia que requieren una evaluación continua:

a. Son las decisiones más importantes que toma la empresa, ya que indican lo que una empresa desea ser.

b. Una estrategia no se logra inmediatamente, ya que a veces tarda años en obtenerse, y no es conveniente esperar tanto tiempo para saber si fue o no acertada.

c. La estrategia se enfoca al futuro y se basa en los supuestos del medio ambiente, a su vez se encuentra sujeta a la incertidumbre y al cambio.

d. Una estrategia es un modelo de acciones a realizar en un tiempo determinado, por lo que su validez deberá verificarse periódicamente.

La estrategia puede verificarse considerando los datos que arroja un análisis en las siguientes categorías:

i. Evidencias del funcionamiento.
ii. Evaluación de recursos y fortalezas.
iii. Interrelación de elementos.
iv. Validez de supuestos.
v. Identificación de contingencias.
vi. Ejecución de la estrategia.

En el *cuadro 7.2* se presenta una serie de aspectos a considerar para verificar el avance del plan, e identificar las desviaciones del mismo.

Cada categoría abarca lo siguiente:

1. **Evidencias del funcionamiento.**
   "Deberán identificarse y examinarse ciertas indicaciones cuantitativas y cualitativas para obtener una estimación preliminar de" (Bianchi, 1995) la posición de la empresa y sus competidores, desempeño logrado y su tendencia, cumplimiento de metas y objetivos. Esas evidencias pueden identificarse y proyectarse con anticipación. Ejemplos de estos se encuentran en el texto de presupuestos.

2. **Enfoque práctico y realista.**
   Esto indica el grado en que la empresa mantiene sus capacidades para lograr la estrategia.
   Para controlar este aspecto se recomienda aplicar frecuentemente, durante el periodo de vigencia de la estrategia, el análisis de consistencia, con el fin de identificar las desviaciones y detectar la posibilidad de implementar acciones contingentes.

3. **Interrelación de elementos.**
   Esto indica la necesidad de mantener relación entre políticas, metas, estrategias y programas para saber si su consistencia es real y sigue manteniéndose.

4. **Validez de supuestos.**
   Esto implica la necesidad "para comprender los supuestos en los cuales se basan las decisiones estratégicas y para revisarlos cada determinado tiempo". (Fred, 1998).

5. Identificación de contingencias.
   La formulación de estrategias demanda considerar la forma en que el futuro puede afectar los fundamentos estratégicos. Algunos ejemplos son: (Hofer, 1995).

Supuestos:

✓ *Recursos básicos.
✓ *Reglamentos y leyes.
✓ *Competencia.
✓ *Tecnología.

Contingencias:

❖ *Costo.
❖ *Disponibilidad.
❖ *Favorables.
❖ *Restrictivas.
❖ *Concentración industrial.
❖ *Diferenciación de productos y servicios.
❖ *Capacidad productiva.
❖ *Nuevos desarrollos y descubrimientos.
❖ *Retrasos o fracasos.

Asimismo, se "podía evaluar hasta qué grado se hicieron las preguntas apropiadas de: ¿que pasaría si...?, efectuadas durante el proceso de formulación, así también si se desarrollaron y evaluaron escenarios opcionales". (Ibafin, 1985).

6. Ejecución de la estrategia.
   Una vez puesta en marcha la estrategia es preciso valorar su congruencia con los factores que apoyan su logro: estilo directivo, valores, estructura, sistemas, programas clave, etc.

Tabla de Contenido del Plan Estratégico Maestro

CARTA DE PRESENTACIÓN

I. ANTECEDENTES
1.1 Historia de la empresa.
1.2 Directorio.
1.3 Organigrama general.
1.4 Campo de negocios.
1.5 Supuestos de la planeación.

II. DIAGNOSTICO GENERAL
2.1 Escenario integral
    a. Fuerzas y debilidades.
    b. Amenazas y oportunidades.
2.2 Factores clave de éxito.
2.3 Ventajas competitivas a desarrollar.

III. PLANETAMIENTO ESTRATEGICO INTEGRAL
3.1 Visión.
3.2 Misión.
3.3 Filosofía
3.4 Políticas
3.5 Metas.
3.6 Estrategias.
3.7 Estructura.
3.8 Programas.
3.9 Asignación de recursos.
3.10 Presupuestos.

IV. COMPROMISO GERENCIAL.

V. PLAN DE NEGOCIOS (Business Plan).

Control del Plan Estratégico

1. **Evidencias del funcionamiento de la estrategia.**
   - Indicadores cuantitativos: precio de acciones, ganancias, rendimientos, utilidad, productividad, etc.
   - Indicadores cualitativos: penetración en nuevos mercados, introducción de nuevos productos, mejorías hechas a productos o servicios, procesos, sistemas, etc.

2. **Evaluación de fortalezas y recursos.**
   - Grado en que las fortalezas y capacidades de la empresa son reales.
   - Grado en que se reconocen las debilidades o diferencias reales o potenciales.
   - Identificación y posibilidad de obtener recursos para poner en práctica la estrategia.
   - Aplicación del análisis de consistencia.

3. **Interrelación de elementos.**
   - Aplicación del análisis de consistencia.

4. **Validez de supuestos.**
   - ¿Se han identificado y evaluado las tendencias y efectos importantes o potenciales?.
   - ¿Existe congruencia entre los supuestos internos y los datos externos?
   - ¿Existe integración entre los datos existentes y las actividades de planeación realizadas?.
   - ¿Se revisan y vigilan periódicamente los supuestos básicos de la planeación?.

5. **Identificación de contingencias.**
   - Aplicación de la técnica de escenarios.

6. **Ejecución de estrategias.** (Kenneth, 1993).

- ¿Hay congruencia entre la estrategia y el estilo gerencial, los valores y las preferencias de riesgos?.
- ¿Está la organización estructurada para cumplir con los objetivos estratégicos?.
- ¿Los sistemas y procesos directivos respaldan a la dirección estratégica global y a los programas clave?.
- ¿El sistema de información verifica la ejecución estratégica?.
- ¿Existe el equilibrio adecuado para el futuro y a lograr el máximo en el presente?.
- ¿Existe un consenso interno en la compañía acerca de la estrategia?.

Análisis de Consistencia

Pregunta	Si	No
1. ¿Es la estrategia consistente con el entorno?		
2. ¿Es consistente con los intereses de su sistema cliente, proveedor (interno y externo)?		
3. ¿Es consistente con la fuerza de la competencia?		
4. ¿Se conoce bien a la competencia?		
5. ¿La estrategia elegida nos deja vulnerables ante algún solo proveedor o cliente?		
6. ¿Es la estrategia similar a la de un competidor fuerte?		
7. ¿La penetración al mercado garantiza volúmenes suficientes para ser competitivos?		
8. ¿Es consistente con la legislación vigente?		
9. ¿Es consistente con los valores existentes?		
10. ¿El producto satisface la necesidad del mercado?		
11. ¿Esta necesidad es entendida-aceptada-apoyada por todo el grupo ejecutivo?		
12. ¿Es consistente con las fortalezas y forma de operar de la organización?		
13. ¿No tiene conflicto con otras estrategias internas?		
14. ¿Hace uso de las fortalezas?		
15. ¿Evita las debilidades?		
16. ¿Es consistente con el estilo y valores de la alta dirección y gente clave de las organización?		
17. ¿El producto/servicio es el que la organización sabe/desea hacer/ofrecer?		
18. ¿Es la estrategia consistente con los recursos humanos existentes?		
19. ¿Hay ejecutivos capaces y que se comprometan, a llevar a cabo la estrategia con éxito?		
20. ¿Hay personal de base capaz y en número suficiente para implementar la estrategia?		
21. ¿La estrategia es consistente con las instalaciones y equipos actuales?		

22. ¿La tecnología para implementar la estrategia se tiene o puede obtener sin contratiempos?		
23. ¿Se puede ser competitivo con tales instalaciones, equipos, procesos, tecnologías?		
24. ¿Se dispone de capital requerido?		
25. En caso contrario ¿se puede obtener?		
26. ¿Si se aplica capital a esta estrategia, otros proyectos quedarían sin recursos?		
27. ¿Pueden ser propuestos-eliminados sin hacernos vulnerables?		
28. ¿Se está seguro de que los riesgos calculados, en caso de que salga mal, son tolerables?		
29. ¿Se ha verificado que la suposiciones sobre las que se basa la estrategia son válidas?		
30. ¿Se han verificado la viabilidad de obtener los presupuestos definidos?		
31. ¿Las metas son claras, específicas y viables?		
32. ¿El número de metas es el adecuado?		
33. ¿Se han fijado metas en todas las áreas clave?		
34. ¿Se relacionan claramente metas y estrategias?		
35. ¿Las políticas respaldan las metas y estrategias definidas?		
36. ¿Las metas formuladas proporcionan bases sólidas para la asignación de recursos?		
37. ¿Se comunican las metas a todos los que necesitan estar informados?		
38. ¿La misión, la filosofía, las políticas, metas y estrategias se apoyan mutuamente?		

MÓDULO VIII

Diseño del Plan de Negocios

OBJETIVOS:

Al finalizar este módulo, el capacitando:

1.1 Determinará el significado y alcance del Plan de Negocios.

1.2 Integrará el Plan de Negocios para la empresa.

VIII

PLAN DE NEGOCIOS

8.1 PLAN DE NEGOCIOS

Es el documento que permite a la empresa definir la clase de negocio en la que se encuentra.

Asimismo la información que contiene sirve de apoyo en la elaboración y puesta en marcha del Plan Estratégico.

Algunos autores establecen que el Plan Estratégico incluye al Plan de Negocios (Business Plan).

Sin embargo es incuestionable que éste incluye varios apartados básicos:

1. **Resumen ejecutivo**
   1.1 Metas gerenciales.
   1.2 Estrategias.
   1.3 Proyectos clave.
   1.4 Supuestos de Planeación.
   1.5 Expectativas de sistema cliente-proveedor.

2. **Análisis del entorno**
   2.1 Entorno económico.
   2.2 Entorno político.

2.3   Entorno social.
2.4   Entorno tecnológico.

3.   **Análisis de líneas de productos**
3.1   Integración de líneas.
3.2   Portafolio de productos.
3.3   Fuerzas y debilidades.
3.4   Participación en el mercado por línea de productos.

4.   **Análisis de ventas**
4.1   Análisis cuantitativo de ventas.
4.2   Ventas, metas.
4.3   Composición de ventas
4.4   Proyección ventas, crecimiento económico.

5.   **Análisis de recursos**
5.1   Situación actual.
5.2   Inventario de recursos.
5.3   Oportunidades y amenazas.

6.   **Análisis de mercado**
6.1   Tamaño del mercado.
6.2   Crecimiento futuro del mercado.
6.3   Análisis de segmentos del mercado.

7.   **Análisis de proveedores**
7.1   Identificación de proveedores.
7.2   Condiciones atractivas para la empresa.
7.3   Condiciones no atractivas para la empresa.
7.4   Oportunidades y amenazas.

8.   **Análisis de productos sustitutos**
8.1   Situación actual.
8.2   Oportunidades y amenazas.

9.   **Análisis de clientes**
9.1   Clasificación de clientes.
9.2   Identificación de clientes principales.

Planeación Estratégica

BIBLIOGRAFÍA CITADA

1. ACKOFF, Russell L. "Guía para Controlar el Futuro de la Empresa". Ed. Limusa. México, 1996.

2. ACKOFF, Russell L. "Planificación de la Empresa del Futuro". Ed. Limusa. México, 1993.

3. AGUIRRE, Octavio. "Planeación Corporativa para la Empresa Mexicana". Universidad del Valle de México. México, 2003.

4. BIANCHI, Héctor. "Conozca el Posicionamiento de su Negocio y las Alternativas del Cambio Estratégico". Grupo Editorial Expansión. México, 1995.

5. FRED R. David. "La Gerencia Estratégica". Legis Editores. Colombia, 2005.

6. HOFER, Charles y SCHENDEL Dan. "Planeación Estratégica: Conceptos Analíticos". Ed. Norma. Colombia, 1995.

7. IBAFIN. "El Reto de la globalización para la industria Mexicana". Ed. Diana. México, 1995.

8. KENNETH, J. Albert. "Manual de Administración Estratégica". Ed. Mc Graw Hill. México. 1993.

9. KENNETH, R. Andrews. "El Concepto de Estrategia de la Empresa". IESE. España, 2003.

10. KOONTZ, O'Donnell. "Curso de Administración Moderna". Ed. Mc. Graw Hill. México, 1999.

11. MENKE, Michael. "El Planteamiento Estratégico en Época de Incertidumbre". Enciclopedia de Administración de Empresas. Vol. 13. Enero, 1999.

12. OHMAE, Kenichi. "La Mente del Estratega". Ed. Mc Graw Hill. México, 1993.

13. OXENFELDT, Alfred R. "Análisis de Costo-Beneficio para la toma de Decisiones". Ed. Norma. Bogotá, 1985.

14. PASCALE, Richard 1. y G. ATHOS. "El Secreto de la Técnica Empresarial Japonesa". Ed. Grijalbo. México, 1994.

15. PEREZ de Mendoza Alfredo. "Cómo Implantar y Mejorar un Proceso de Planeación". AMEPAC, INEPAC 2a. Ed. México, 1999.

16. PORTER, Michael. "Estrategia Competitiva". Ed. CECSA. México, 1990.

17. ROTHSCHILD, William E. "Cómo Ganar y Conservar la Ventaja Competitiva en los Negocios". Ed. Mc Graw Hill. México, 1997.

18. SALLENAVE, Jean-Paul. "Gerencia y Planeación Estratégica". Ed. Norma. Colombia, 1995.

19. STEINER, George E. "Planeación Estratégica". Ed. CECSA. México, 1995.

20. SUTTON, C. J. "Economía y Estrategias de la Empresa". Ed. Limusa. México, 1993.

21. TREGOE, Benjamín y Zimmerman, W. "La Creciente Importancia del Pensamiento Estratégico". Enciclopedia de Administración de Empresas. Vol. 12. Diciembre 2001.

22. WELSCH, Glenn. "Presupuestos: Planificación y Control de Utilidades". Ed. Prentice/Hall Internacional. Colombia, 2004.

23. YAVITZ, Boris y WILLIAM Newman. "Estrategia en Acción". Ed. CECSA. México, 1995.